5000の事例から導き出した

人的資本経営大全

日本企業最後の伸びしろ

Unipos株式会社代表取締役
田中 弦

東洋経済新報社

はじめに

企業の生き残り戦略として聞かれるようになった「人的資本経営」

日本の人口が急激に減っています。労働力人口も日に日に減少しています。

人材不足の課題は「待ったなし」です。働き手がいない。若者がいない。これが日本の経済力の衰退に拍車をかけることは間違いありません。

しかも2027年以降、労働力人口は大幅に減少することがわかっています。

人口が減るとどうなるか。

国内の需要が減少します。

商品やサービスの市場が縮小し、それまでライバル会社ではなかったような企業が新たに参入してきて小さなパイを奪い合うようになっています。

さまざまなジャンルで、このような争いが起きはじめています。

また、労働力人口が減るということは、**人材の採用が難しくなる**ことを意味します。

人材のパイが減少する。求職者も減る。そうなると、採用をめぐる状況は「超・売り手市場」になります。

そんな事態が、すでに到来しはじめている。

なのに、企業が経営そのものを変えていかなければ、優秀な人材はあなたの会社に見向きもしなくなるでしょう。

そんななか、企業の生き残り戦略として聞かれるようになった言葉があります。

それが**「人的資本経営」**です。

「聞いたことがある」という方も、それなりにいるのではないでしょうか。

日本の社会状況は、たしかにネガティブ要素に満ちています。思わず「つらい……」と言いたくなる様相を呈している。まさにピンチです。

しかし、人的資本経営は、そんな**ピンチの波を最適なかたちで乗りこなし、チャンスに変えることのできる可能性**を秘めています。

むしろ、そういった時代に必要な経営スタイルとして「人的資本経営」という手法が広まってきたといえます。

先進的な企業や国はそのことに気づいています。

だから、**人的情報の開示「義務化」が推し進められている**のです。

ピンチをチャンスに変える「人的資本経営」ってどんなもの？

「人的資本経営」とは何か。

まずは、イメージをお伝えします。

「人的資本」とは、個人が持つスキルやノウハウ、能力などのことを指します。

人的資本経営は、それらを**「資本」**、つまり**「価値を生み出す元手」として捉え、その価値を最大に引き出しながら企業価値の向上につなげていく経営**を指します。

こう書くと、「ああ、それって人を大事にする経営だよね」と感じる人がいらっしゃるかもしれません。実際、そう誤解している人が多いという調査結果も出ています。

しかし、**人的資本経営と「人を大事にする経営」はまったく違います**。

詳説は本文に譲りますが、両者は混同して理解されがちです。

人的資本の「開示」は2023年、全上場企業に法律によって義務化されました。

ですが、少なからぬ企業が間違った認識で人的資本情報を公にしているので、開示情報の多くは中身がスカスカ。たんに「報告のための報告」になってしまっています。

それって、すごくナンセンスでムダですよね。

〝死んだ報告〟をするくらいなら、やらないほうがマシというもの。でも、義務化されているのでそうはいきません。

人的資本経営は「人材」についての見方をガラリと変える経営手法です。

たとえば**「人を大事にする」といっても、その「大事にする仕方」がこれまでとはまったく異なります**。人材そのものの見方・扱い方を変えるのです。

そして、そんな人的資本経営によって何が生まれるかというと、ビジネスパーソン一人ひとりの自己実現がきちんとなされ、経営にその効果が反映され、長期的に企業価値が高まるという「状況」です。

もっといえば、**従業員と経営者、そして株主などのステークホルダーが相互にカチッとかみ合った歯車のごとく連動するようになります**。

じつは、人的資本経営の成功事例は、すでにどんどん出てきています。

たとえば丸井グループ、富士通、エーザイ、双日といった企業は、大きな変革を成し遂げつつあります。

その起点に、人的資本経営が据えられているのです。

しかもそういった情報は、人的資本に関する情報として広く公開されています。誰でも簡単に見ることができます。

このことを知らないか、知っているのに活用できていない人も多いでしょう。

「人的資本経営」というワードが知られるようになってきた。人的資本に関する情報は、法令によって開示が義務化された。なのに、**有効に活用しているのは、一部の企業だけ。**あとの企業は粛々と、ほぼ意味のない〝死んだ人的資本開示〟を続けているのです。

そうだとしたら……私にはそれは巨大な機会損失に見えます。

そこで私は、この本を書くことを決めました。

- ・人的資本経営の成功事例
- ・良質な企業経営のあり方
- ・その施策・手法
- ・人材を「資本」として活用する具体的なメソッド
- ・経営状況を人的資本情報としてステークホルダーに伝わるように開示していく方法

これらをみなさんに伝えることで、人材をめぐる日本の現状がよくなればと思ったのです。

人的資本経営は、その最適解になり得ます。

私はこの本を世に出し、人的資本経営をあなたの企業になじむかたちで落とし込む方法を提示することで、その可能性をより高められればと願っています。

本書の議論にお付き合いいただければ幸いです。

読み込んだ「人的資本開示情報」は5000件超

ここで自己紹介をさせてください。

私は、Unipos《ユニポス》株式会社でCEOをつとめている田中弦といいます。

Uniposは、組織風土改革や心理的安全性を高めるためのSaaSプロダクトや、経営者・CHRO（最高人事責任者）向けのサービスとコンサルティングを展開している、組織課題解決を支援する会社です。

同サービスの展開を通じ、私は多くの経営の現場に寄り添い、その知見を得てきました。

あまたの会社の人事戦略にも多く触れてきました。

また、Unipos株式会社は東証グロース市場に上場しておりますので、私自身も上場企業経営者として人的資本経営の実践や開示に向き合っています。

そんな私のキャリアは、1999年、現在のソフトバンクに入社したところから始まります。そこで、インターネットの社会実装に携わったことを皮切りに、さまざまなインターネットビジネスの社会基盤化を担ってきたのです。

そしてその間にも、多くの会社の経営を見聞きし、マニアックなまでに知見を蓄積してきました。

そんなマニアックな考究テーマのひとつに「人的資本開示」研究があります。

私がその研究を本格的に始めたのは、2022年の年末から2023年の年始にかけてのこと。

ちょうどそのころ、人的資本開示が義務化される法案が発表され、それが内閣府令公布となり、2023年1月31日に施行されました。有価証券報告書への人的資本情報の開示義務が発生したのです。

私はこの件に強い関心を持ちました。

なぜなら、**「各社の人事戦略がいっせいに世に出るようになれば、これまでとはまったく異なる状況が生まれるだろう」**、さらに**「そこで開示される情報は、間違いなくいまだ**

かつて誰も整理したことのない情報群であり、社会が動く」と直感したからです。

ここから私のマニアックな研究がスタートしました。

昔からそうですが、私は、没頭した研究成果を世間に公開し、それを広く役立ててもらおうとしてきました。

たとえば、「インターネットビジネスがこれから来るぞ！」と言われはじめた1998年ごろ、学生だった私はすでにインターネットビジネスのデータベースをつくっていました。そのときも「いまが時代の分岐点になる」と直感して、勝手にワクワクして、マニアックに研究をしていったのです。

私は海外の雑誌（"The Industry Standard" "Red Herring" など）を読んでは、その情報を自分のデータベースに格納し、ウェブ上に公開。見知らぬ誰かにそれを活用してもらおうとしました。

そして、その趣味が高じて、のちにビジネスに結びつきます。

日経BP社が出していたニュースレター『日経E-BIZ』の編集協力者として、シリコンバレー支局やニューヨーク支局にいる記者に、「この企業がおもしろそうだから取材に行ってください！」と依頼を投げかける仕事を任されたのです。

誰も発掘したことのない情報を整理し、まとめる。時代のエポックに立ち会った際に、その時代の変化の核となる情報を集め、それを日本市場に先駆的に「ネタ」として提供し、社会変革につなげていく。

私はそういうことを折々にやってきました。

２００８年にリーマンショックが起きた際も、大量の金融系エンジニアが広告テクノロジー産業へ流入していくさまを見て、いわゆる「アドテク」企業のデータベースと、その詳報を発信するブログをつくりました。

人的資本開示や経営にまつわる今回の研究も、それらと同じノリで始めたわけです。

人的資本経営の〝専門家〟として認知されるように

２０２３年の年始には、前年に発行された１０００社の統合報告書を中心とした人的資本開示の先行事例のリサーチを開始。その情報を少しずつ広めるようにしました。

そして最終的に、ボランティアの手も借りつつ、**国内外の企業のべ５０００件のリサーチ結果として、人的資本開示情報をまとめることができました。**

内訳は、統合報告書が１０００、有価証券報告書が４０００、S&P企業が５００、そのほかＥＳＧレポートやサステナビリティレポートの調査結果などになります。

その後、それらの情報をもとにウェビナー（オンラインセミナー）を開催。のべ1万人以上に視聴していただきました。また、『日経ビジネス』が企画した「人的資本開示アワード」のお手伝いもさせていただきました。

このころにはすでに人的資本にかかわるイベントや報道が急増していたのですが、私は少しずつその〝専門家〟として見られるようになっていたのです。

また、膨大なリサーチ結果から導き出した「人的資本経営フレームワーク（田中弦モデル）」を作成し、クリエイティブ・コモンズ・ライセンスで無償提供しています。これには大きな反響があり、最近では、数々の上場企業の人的資本開示にご活用いただいています。

独自の「3つのしかけ」で、社会の「良質な変化」の速度を上げる！

私がこのような活動をしているのには理由があります。

それは、**「社会の特異点に立ち会ったときに情報をまとめ、広く社会に共有すると、そ**

こから学びの流れが広がり、その流れが臨界点を超えると、世の中が変わる」ということを体感的に知っているからです。

社会的な特異点とは、今回の例でいえば「**約4000社の上場企業が法改正によりいっせいに人的資本の情報の開示を始めた**」ことです。

また、「学びの流れが臨界点を超える」とは、これら数千社の情報をまとめ、学べる環境を整えると、社会的な学習総量が増し、その「量」がある閾値を超えることを指します。

臨界点を超えたとき、社会は変わります。

先に述べたインターネットの黎明期に、私はそれを実感しました。

インターネットビジネスの普及は、閾値を超えて以降はあっという間だったのです。

もちろん、何もせずにじっとしていては、変化は起きません。

そこで私は、今回の人的資本開示の「特異点」に接し、「3つのしかけ」を用意しました。

ひとつめは、1万人を超える方々に、私が定期開催しているウェビナーで用いて洗練させていった学習資料約700枚と、各社の有価証券報告書・統合報告書のリンク集を無償配布したこと。

2つめは、私だけでなく、ボランティアのみなさんの力を結集し、多面的な分析を情報に加え、精査したこと。

そして3つめは、コンサルティングを通じてお客さまとともに人的資本開示の内容をアップデートし、それに連動した経営を実践してもらい、再びそれを開示内容に反映させるというサイクルをくり返したことです。

実際、その実践により、各社に良質な変化が生まれました。

つまり、高い専門性を持つボランティアメンバーの集合知によって優れたコンテンツをつくり、それらのリサーチ結果や情報を惜しみなく拡散し、広め、さまざまな企業に実践してもらって世の中に波紋を広げてきたのです。

そして、それらは**「珠玉の実践知」として結晶化**しました。

それをまとめたのが、本書です。

いま、社会は本質的なところで変化しようとしています。それを「よい」変化に結実させるために、私は動きたい。

「3つのしかけ」も、そのための下準備だったと言えます。

上場企業約4000社の人的資本開示情報は、いまだかつて誰もすべてを見たことがなかったものでした。

もしここで「誰かが」すべてを見て、情報を取捨選択し、有益な情報だけをまとめて公開したとしたら、社会変化の速度が変わるのではないか？

こう考えると、ワクワクしますよね。

私は現在、プライム上場企業を中心に、経営戦略と人事戦略をどう有機的につなぐかといった観点から、お客さまとともに人的資本経営の方向性を考え、実行する営みの最前線にいます。

そのなかで、ＫＰＩ（重要業績評価指標）やＫＧＩ（重要目標達成指標）を一緒につくり上げ、お客さまが気づいていなかった課題などを抽出し、企業の意図がステークホルダーに正しく伝わるようなコーポレート・コミュニケーションを設計し、実践しています。

それらの情報や人的資本経営の成功事例を多くの人に伝えられたら、社会のよい変化を加速させられると信じています。

ここで紹介する成功企業の経営手法や知恵、工夫から、日本のよりよい未来をつくるための経営のヒントを得ていただければ幸いです。

［目次］

5000の事例から導き出した
日本企業 最後の伸びしろ

人的資本経営大全

はじめに　3

第1章 勘違いされがちな「人的資本経営」をいちから学び直す

第2章 なぜ、いま「人的資本経営」なのか

第3章 日本企業が直面している「4つの課題」

第4章

5000の事例から見えた人的資本開示の現在地

第5章

人的資本経営の軸となる「集団の力」と「カルチャー」

第7章 「選りすぐりの先進事例」から学ぶ人的資本経営

第8章 特別対談 人的資本経営の最前線を知る！

人的資本経営の重要文献「人材版伊藤レポート」起草者が語る――
日本の人的資本経営の現在地とこれから
会計学者 伊藤邦雄×田中弦 263

リーダー育成・経営者育成のプロが語る――
組織が変わるために必要なこと、組織を変えるうえで必要な視点
株式会社プロノバ 代表取締役社長 岡島悦子×田中弦 272

経営者・従業員・株主の関係を熟知した長期投資家が語る――
「現場一流、経営三流」といわれる日本の経営者がいま一流を目指すべき理由
みさき投資株式会社 代表取締役社長 中神康議×田中弦 280

人を活かす「対話」を軸にした経営の専門家が語る――
時代変化に対応した経営を実現する肝は「コミュニケーションを変える」こと 289
エール株式会社　取締役　篠田真貴子×田中弦

組織論などの観点から経営を探究してきた専門家が語る――
人的資本経営実現のスタートを切るうえでまず投資すべきポイントとは？ 298
株式会社シナ・コーポレーション　代表取締役　遠藤功×田中弦

おわりに 307
注記 312

第　章

勘違いされがちな「人的資本経営」をいちから学び直す

「人的資本経営」といっても、多くの人は、じつは間違った理解の仕方をしています。もしかしたら、あなたもそうかもしれません。

そこで本章では、本論に入る前に意味を的確につかんでいただくため、**人的資本経営の基礎的な知識**をQ&A形式で学んでいきます。

Q
「人的資本経営」って何ですか？

A
人が持つスキルやノウハウ、能力などを、「価値を生み出す元手＝資本」と見なして、それを育て、伸ばし、活かし、企業価値につなげていく経営のことです。

「はじめに」でも少し触れたことですが、改めて確認します。

「人的資本」とは、個人が持つスキルやノウハウ、能力などのことを指します。

そこに「経営」という言葉がついた場合、どのような経営を指すのでしょうか。

経済産業省は、人的資本経営について、「人材を『資本』として捉え、その価値を最大限に引き出すことで、中長期的な企業価値向上につなげる経営のあり方」と定義しています。

「資本」については、ここでは「価値を生み出す元手」くらいの意味で捉えてください。

つまり、**人材が持つスキルやノウハウ、能力などをまさに「価値を生み出す元手」と見なしてそれを育て、伸ばし、活かし、企業価値につなげていく経営**のことを「人的資本経営」といいます。

近年、企業にとって人材の価値は大きく変わりました。

建物や設備などの「有形資産」から、ブランドや情報といった「無形資産」へと企業価値の重心がシフトし、カネやモノだけでなく「ヒト」を資産として活かす発想が重視されるようになったのです。

経営にかかわっている方々はもちろん、多くのビジネスパーソンが、その変化をひしひしと感じていることと思います。

そんななか注目されているのが「人的資本経営」なのです。

Q

「人的資本経営」と「人を大切にする経営」は同じだと聞いたことがあります。実際、両者は同じ概念なのですか？

A

「同じだ」というのは誤解です。「人を大切にする経営」では、人材が持つスキルや能力などを「消費する／管理する」というやり方をしますが、人的資本経営では、それらを「伸ばしながら活かす／価値創造につなげる」ものへと変わります。

「人的資本経営」と「人を大切にする経営」はまったく違います。それを「同じだ」と見るのは誤解です。

旧来の「人を大切にする経営」の価値観では、企業にとって人材は「資源」、つまり、**その人がすでに持っている能力やスキルなどを「使う」「消費する」対象として捉えられがち**でした。

いわば、人材という発電機が発電したエネルギーを企業は「ただ使うだけ」という状況にあったのです。企業はシンプルに人材の「消費者」だったわけです。

この発想を出発点にすると、マネジメントは、いかにして電力の使用や消費を「管理するか」という方向に行き着きます。

電気代をどう節約するか。効率的に電気をどう使うか。そんなことばかり気にするようになりがちです。

このように、人材に投じる資金は**〝コスト〟**として捉えるのが旧来の考え方です。

しかし、これが人的資本経営の考え方にもとづくとどう変わるでしょうか。

人材は「その人が成長し、能力を伸ばし、それを価値に変えていく」対象として捉えられることになります。

つまり企業は、人材が発電したエネルギーをただ消費するだけにとどまらず、「人材の能力＝発電力」を伸ばす方向に注力するのです。

その場合、もし、その人材が〝火力発電〟をしているのなら、企業は電力のもととなる石油や石炭、天然ガスをその人材に供給します。

それに加えて、石油などの燃料をより大きな電力に換えられるように、発電機の物理的な仕組みを改良します。発電のために採用している発電原理もアップデートします。発電機が置かれている環境や立地も改善するかもしれません。

このようにして、「発電機＝人材」が活躍しやすいように、さまざまなサポートを行うことになります。すると、**マネジメントは、人材の「管理」から人材の「成長を通じた価値創造」に重心を移す**ことになるでしょう。

それは、「いかにしてその人を育むか」「いかにしてその人を活かすか」といった、人の育成、適材適所を目指した配置、状況に応じた内外の人材の登用・確保を考慮するようになるということです。

こういった創意工夫によって、人的資本の価値をさらに伸ばすことができます。

そうなれば、人材に投じる資金は**〝コスト〟というより〝投資〟**として捉えられるようになります。

これが、旧来の「人を大切にする経営」と人的資本経営の違いです。

とはいえ、両者を混同して理解している人が多いのは事実です。

人事・採用の最終決裁者300人に人的資本経営に関する認識を聞いた日本総合研究所の調査[1]があります。

それによると、じつに73・7%もの人が「(人的資本経営は)人を大事にする経営と同義であり、何か新しいことを行う取り組みではない」と回答しています。

そう、両者について「同じ」と認識している人が7割以上にものぼったのです。

まずはこの誤解を解くことから始めたいですね。

Q

人材が持つスキルや能力を「消費する経営」と、「伸ばしながら活かす経営」の最大の違いはどこにありますか?

A

前者は、社員のスキルや能力を「会社の持ちもの」だと捉えます。後者は、それらを「個人の持ちもの」だと捉えます。そして会社は、個人の能力を「借りる」立場になるということが大きな違いです。

人的資本経営を考えるうえで、押さえておきたいポイントがあります。

それは **「人的資本は個人の持ちものである」** という視点です。**個人が持つスキルやノウハウ、能力などは、あくまでもその人個人のものであり、企業のものではない** ということです。

ここが、**これまでの「人を大切にする経営」と「人的資本経営」の本質的な違い** と言えます。

従来の日本企業は、少なからずそれらを「会社のものである」と捉えてきました。会社がスキルやノウハウ、能力獲得の機会を提供したのだから、当然、会社がコントロールできるものである、と。

たとえば、終身雇用や年功序列が色濃く残る会社であれば、このように考えるかもしれません。

──社員はなるべく辞めさせない。離職率は低ければ低いほどいい。できるだけ長い間、働いてもらいたい。

そのために、会社の人事部や事業部トップが強い権力を持って社員のキャリアを設計していく。

新卒一括採用で入社してきた社員には、集合研修を通じた基礎教育を行う。

そして、まずは誰もが立場的に平等に「上」に昇進できる可能性を整える。

そのなかで、昇進試験などの画一的なプロセスを経て、その会社固有のノリやきつい業務やパワハラめいたことにさえ耐えてきた「出世コースに乗った人」が、「上」に昇進していく。

他方、本社にポストがないジェネラリストは、子会社へ転籍するか、名ばかりの管理職になる。

また、強い人事権を持った会社は、5年ほど育成した社員に対し、「君、そろそろいい機会だから、地方で修業してこようか」などと呼びかけ、個人のキャリアを〝うまいこと〟動かしていく——。

このような人事戦略においては、「人的資本＝個人」が持つスキルや能力は、「会社がコストをかけて与えるもの」であり、会社が自由にコントロールできる「会社の持ちもの」であると認識される傾向にありました。

また、多くの企業カルチャーは、「上」に忠実に従い、自分の意見を積極的に言うことはない「上意下達」を是としたものでした。

これを、私は**「昭和型の人を大切にする経営」**と呼んでいます。

ところが、時代が平成に入り、「失われた30年」を経ると、転職や副業が当たり前になっていきます。

さらに令和に入ると、不安定な将来を憂慮するビジネスパーソンたちは、**「キャリアは自分でつくるもの」といった「キャリア自律」の考え方**を持つようになります。

そうなると、もはや「ひとつの会社に入れば人生安泰」とは、ほとんどの人が思わなくなります。

一方で、会社側も、この状況に鈍感というわけではありません。

「われわれが身分を長期間にわたって保障してあげているのだから、社員はコントロールされて当然で、われわれの考えどおりにスキルを身につけさせ、異動させることができる」といった考えは、とうに通用しなくなっている。そう気づいている人も少なくないのです。

ですが、**従業員個人が持つスキルやノウハウ、能力は「会社のもの」という前提で、人事・教育制度がずるずる運用されてきました**。

また、360度評価や1on1コーチングなどの新しい制度や方法論も導入されてきているものの、まだまだ組織カルチャーには旧態依然としたものが残っている、という企業も少なくないはずです。

はたして、このままでいいのでしょうか。

いま日本の経営は「昭和型の人を大切にする経営」から「人的資本経営」に変わるべきときを迎えています。

そこで重要になるのが**「人的資本は『個人の持ちもの』である」**という発想なのです。

そして、のちに詳述しますが、**会社は個人の持ちものである人的資本を「借りる」立場**になっていきます。

Q 斬新すぎる「人的資本経営」の考え方をいまの経営に持ち込んでも、相性が合わないのでは?

A 「昭和型の人を大切にする経営」のマインドを保持したままではうまくいきません。

旧来の人材に対する考え方のまま人的資本経営を行っても、うまくはいきません。**考え方の更新が必要**です。

たとえば欧米の企業では、ある意味で「不平等」とも言えるような選抜的な幹部候補者の育成や、特定の職務内容を明確に定義しその職務に必要なスキルを持つ人を雇用していくジョブ型雇用がメジャーです。また、日本と比べて解雇規制がゆるやかであるため、積極的な解雇や人員整理なども行われています。

日本の就労環境と比較すると、それらはより「個人」が強いものになっています。

人材を「個」として捉え、それぞれに合った能力の活用を目指すようにしているのです。

そういった環境は、雇われる側の「個人」にも都合がいいものになります。

なぜなら、**各人が自主的に、自らが望むジョブに従った自己研鑽によって人的資本を磨き、より条件のいい会社に転職することがしやすい**からです。

会社へのロイヤリティがないとは言いませんが、自分のキャリアにとって他社が魅力的な条件をオファーしてきた場合、あっさりと転職していってしまう。それが欧米では「普通」なのです。

そこでは、人的資本はあくまでも「個人のもの」という扱いがなされています。だから、そういった転職が許されるわけです。


一方で、「昭和型の人を大切にする経営」を是とする方々は、従業員がポンポン転職していくなどといったことを目にすれば、反発心を抱くでしょう。「あいつは裏切り者だ」と思ってしまうかもしれない。ですが、そう思うということは、**従業員のスキルや能力を「会社のもの」と見なしている**ことを意味します。

そのままでは、人的資本経営はうまく推進できません。

もちろん、「欧米の考えが正しくて、日本はそれにならうべき」という話がしたいわけではありません。変えるべきマインドの「急所」はいま述べたことだとしても、それを日本の商習慣になじむかたちで浸透させていくことには知恵が要ります。

それを、本書全体を通じて提示していく予定です。

ちなみに、欧米でも人的資本の開示を求める動きは、機関投資家のサステナビリティ全般の開示要求の高まりにともない、ますます活発化しています。

Q

人的資本経営を実践するにあたって、まずどこからマインドを変えるべきですか？

A

これまでの「個人の能力を『会社の意図に沿って』成長させる」という企業目線の考え方を、「『個人の意思に沿って』成長を続ける個人の能力を会社が借りる」という思考へシフトさせてください。

人材のスキルやノウハウを「会社のもの」とするのではなく、あくまでもそれらは「個人のもの」であるという考えにシフトせよ、という話をここまでしてきました。

このマインドシフトには、ポイントがあります。

それは、**個人のスキルやノウハウを会社は「借りる」立場にあるのだ、という認識を持つことです。人材の能力について、企業は「レンタルしている」つもりでいろ、**というわけです。

ここはとくに大切なところなので、理解の補助線を引かせてください。
慶應義塾大学大学院政策・メディア研究科特任教授であった高橋俊介氏は、人的資本経営に言及した講演のなかで、次のようにわかりやすく解説しています。

（会社にとって、人は）資産なのか、資本なのか。実は重要なポイントです。企業のバランスシートで言えば、資産（アセット）は左側にくるもので、資本（キャピタル）は右側にくるもの。例えば、株主が投資してくれたお金は資本で、借り物です。借り物を元手にビジネスを行うことで左側の資産が生まれ、企業の持ち物になります。ですから、従業員を資本（借り物）として大切にするのか、資産（持ち物）として大切にするのかで、意味が大きく異なってきます(2)。

すなわち、**人的「資本」経営**なのか、**人的「資産」経営**なのか、この違いを踏まえることが大切だということです。

改めて問います。
「資本」とは何でしょうか。
それは、**「利益を出すための元手」**を指します。

資本は、株主などから調達するものです。それは、いわば「借りもの」とも表現できるでしょう。ほかから借りて、それを元手に経営をするわけです。

他人から「借りているもの」ですから、資本についてはもちろん、企業側の思いどおりにすべてをコントロールしていいということにはなりません。

一方の「資産」は、「金銭的な価値があり、換金可能な財産全体」のことを指します。こちらは企業の「持ちもの」と言えるでしょう。

経営とは、「借りもののお金（＝資本）」をもとに「企業の持ちものとなる財産（＝資産）」を増やすこと、と言い換えることができます。

そんな経営において、人材をどう位置づけるべきでしょうか。

「借りもの」とすべきか「持ちもの」とすべきか。

これからは「借りもの」とすべきだ、というのが私の主張です。

人的資本、つまり個人のスキルやノウハウ、能力は、個人から企業が「借りているもの」だと考える。

借りものですから、やはり、それをすべて企業側の思いどおりにしていいということにはなりません。活用するには、より大きな責任をともないます。その一方で、活用次第で大きなリターンが得られる可能性も大いにあります。

これまでの日本企業の多くは、会社の都合で、会社の意向に沿うように人材を育て、育った能力を事業のために使ってきました。

ですがこれからは、そのような「個人の能力を『会社の意図に沿って』成長させる」経営から、**「『個人の意思に沿って』成長を続ける個人の能力を会社が借りる」**経営へとシフトすることが求められます。

Q **若手との考えのギャップに悩んでいます。人的資本経営は若手にも受け入れられますか？**

A むしろ若手は「キャリア自律」を求める傾向にあり、人的資本経営はそこにフィットします。

前節で述べた、**「個人の能力を『会社の意図に沿って』成長させる」経営から、「『個人の意思に沿って』成長を続ける個人の能力を会社が借りる」経営へ**――この流れが、人的資本経営を考えるうえで最も重要です。

この発想のもとでは、企業が与える教育機会は個人の成長のきっかけにすぎないということになります。

じつは、この理解は若い世代の就労観にフィットする傾向にあります。

極端な言い方をすれば、とくに現代の意識あるビジネスパーソンは、「会社に自分を育ててもらおう」という発想よりも、「さまざまな職場でキャリアアップを重ね、そのなかで自身として成長しよう」という発想を強く持つのです。

自らのキャリアを自ら設計し、携わる会社、職場を機縁にして能力を培いたいと思っている。そういった自律的な人材を、ひとつの企業で独占しつづけることはなかなかできません。

もちろん、必ずしも人材が転職することを前提に経営をする必要はありません。複数の会社を経験するのも、ひとつの会社にとどまりつづけるのも、社員本人のキャリア設計次第となります。

いまいる会社で望むキャリアが実現できるのであればそれで十分である、むしろ人間関係がすでに構築されていて、より高いレベルでの挑戦が待ち構えていることもわかっていて、組織カルチャーもそれを歓迎しているという環境があるなら、会社を辞めて転職するという発想にはならないでしょう。

ただ、以前に比べて、圧倒的に個人が選択できる自由度は増しています。

一方の会社側も、社内を刷新していくことが常に求められるため、人材の新陳代謝が必要です。

となれば、もちろん生え抜きの社員も大事にしつつ、優れた人材の力を会社が「借りる」という発想のほうが効率的だという話になります。

また、「人的資本は個人の持ちものである」という考え方は、「従業員個人が主役・主導」という経営のあり方にも必然的に結びつきます。

つまり、**企業側から人材に「こうなってほしい」と命令するだけでなく、従業員の「こうありたい」という自律した意思を尊重しながら人材を見る必要が出てくる**ということです。

これが人的資本経営にとって肝となる、人材を「借りもの」として大切にする考え方で、現代に求められている経営であり、若者の感覚に合致した思想なのです。

この思想のもとでは、「会社側が優位である」という認識は改めなければなりません。

そうではなく、むしろ**「会社と個人は対等になった」**と捉えるべきです。

それが、お互いにとってウィンウィンな状況をつくる土台となります。

Q **なぜ人的資本経営を採用する企業が増えはじめているのでしょうか？**

A 少なからぬ分野で「昭和の勝ちパターン」が通用しなくなってきたからです。

先に私は「昭和型の人を大切にする経営」について解説しました。

会社が強い人事権を持って個人のキャリア設計を行い、人材を管理し、人の育成にあたっては集合研修などで一括で基礎教育を施す、そんな経営です。

昭和型の経営は、それこそ昭和の時代には大いに効力を発揮しました。

なぜなら、当時の日本の内需が成長していたからです。

ですが、いまはどうでしょうか。

「はじめに」で記したとおり、内需は縮小しています。

そのため、少なからぬ分野で**「昭和の勝ちパターン」が通用しなくなっています**。しかも、その分野はこれからどんどん増えていくでしょう。

かつての日本は、長らく人口増加の期間を過ごしました。それは、内需が伸びつづけることを意味します。

そんななか、メインバンク制が採用され、株の持ち合いが行われ、監督官庁は管轄市場において落伍者が出ないように規制・コントロールを施すといった「護送船団方式」を採りました。

加えて、海外の企業からすると、日本市場には「難易度の高い日本語の壁」という参入障壁もあります。このような環境要因を巧みに活かした日本市場は、国内企業が内々で守られ、成長できるように、利益などを〝囲い込める〟仕組みをつくり出しました。

こうして日本の内需は成長しつづけたのです。

また、高度な技術力・勤勉な労働者・諸外国と比べて安いコストでつくられた日本製品は、海外でも大成功を収めます。**「ジャパン・アズ・ナンバーワン」の時代**です。

では、そのような時代における企業経営の重要戦略は何だったのでしょうか？

そう、**前例やセオリー、過去の勝ちパターンを踏襲し遂行する**ことです。これにより、日本は高度成長期を経て大きく躍進しました。

また、そんな〝囲い込み〟的な環境要因に合わせて、人事制度や報酬・教育制度も整えられてきました。

その結果として導かれたのが、昭和型の経営です。

そこでもっぱら重視されたのが**人材を〝囲い込む〟ための人事戦略**でした。

内需が安定し、人口増が期待されていた昭和時代にあっては、勝ちパターンを忠実に守り、実行していくことが成長戦略として市場に合っていました。

いわば、優れたオペレーションエクセレンスで前例やセオリーを実行することが勝利の方程式として機能したわけです。

強烈なリーダーシップを持つ人や強い管理職が、まさに前例・セオリーに従いながら「黙って私についてこい」とばかりに戦略の意思決定や現場の実行方針を決めていた。

そして、この戦略を支えていたのが、**「忠実な遂行者」たる「従順な労働者」**たちでした。

当時、個人に求められていた資質とは「みなで均質的に手早く勝ちパターンを踏襲できる」「指示どおりに行動できる」といったものがメインで、だから企業側は新卒一括採用を行い、定まったルールのもとにジョブローテーションなどを通じてさまざまな業務経験を持ったジェネラリストを養成し、身分保障的な長期雇用を前提にした報酬体系を設計してきたのです。

しかし、章を改めて詳述しますが、**これからの時代は昭和型の経営では通用しません**。

人材を「資源」や「資産」として捉え、管理する経営から、人材を「資本」として捉え、価値創造の主体として扱う経営へ。そして、人的資本を会社の「持ちもの」ではなく個人からの「借りもの」であると捉える経営へ——。

私たちは、生まれ変わらなければなりません。

Q 採用面を考えても人的資本経営を実践したほうがいいと聞きました。本当ですか？

A

はい。「企業に都合のいい能力開発を行い、人材を長期雇用する」というスタイルから脱却し、「各人が自身に最適な能力開発を行い、企業がそれをサポートする（そして、その能力を借りる）」というスタイルをとらなければ、採用は厳しくなります。

人的資本経営を導入しなければ、採用は難しくなります。

〝わが社〟に最適化した個人を長く〝囲い込む〟のが昭和型の「人を大切にする仕方」でしたが、くり返し述べるように、現代は人口減&内需不安定の時代です。

そんななか、さまざまな要因も相まって、多くの前例や勝ちパターンの〝賞味期限〟が早めに切れるようになりました。

そのため、アイデアや発想、ワークスタイル、労働観、人材観などを、常にアップデートする必要に迫られています。

このような状況下では、まず各個人は、時代変化や危機などに対応できる人的資本を培わなければ、と考えるでしょう。

そのためには、個人のキャリア志向に合わせた柔軟なジョブチェンジを経験するか、特定の分野で道を極めることが有益です。そして、多くの求職者はそういったことが可能な環境を求めて行動を起こしはじめています。

会社からの突然の辞令で、来月から経験したこともない業務を単身赴任で行うとか、ジョブローテーションの一環ですべての人材に本人の希望や特性と合わないジョブを経験させられるといったことを、「これは修業であってチャンスだから」と正当化して押しつけるやり方はナンセンスです。**端的に、人材がもったいない**。

やはりそこは、人材自身の成長を優先すべきです。これが人的資本経営における「人を大切にする仕方」です。

「企業に都合のいい能力開発を行い、人材を長期雇用する」という方法から、「各人が自身に最適な能力開発を行い、企業がそれをサポートする（そして、その能力を借りる）」という方法へ。現代の人材はこれを求めています。

Q **開示義務のない非上場企業や中堅・中小企業も、人的資本経営を実践するべきですか？**

A **もちろんです。とくに「採用に強い企業」にしていくためには、人的資本経営は必須となります。**

くり返し述べているとおり、人的資本の開示が２０２３年に全上場企業に義務化されました。

そして、それに応えるように、多くの企業が有価証券報告書や統合報告書などにその記載を始めました。

そんななか、一方でこのような疑問も生まれてきているようです。

すなわち、「開示義務がない非上場企業や、投資家と普段相対しているわけではない中堅・中小企業は、人的資本経営なるものに取り組むべきなのか？」と。

結論からいえば、答えはもちろん「イエス」です。

なぜなら、**中堅・中小企業であっても、社員個人個人を尊重し、人材に投資をすることで「求職者に選ばれる」企業になっていかないと、人手不足時代を迎えている現状では経営が行き詰まってしまう可能性が高い**からです。

たとえば、有価証券報告書や統合報告書といった各種報告書以外にも、ステークホルダーに重要なメッセージを発信している〝場所〟が企業にはあります。

どこか、おわかりになりますでしょうか。

それは、**「採用サイト」「採用ページ」**です。

非上場企業や中堅・中小企業は、そこをテコ入れすべきです。人的資本経営を行っているという情報を採用サイトで公開していく。

その重要性は、日々増しています。

ところが、採用サイトに「現状」の報告や「課題」の明記、そして現在取り組んでいる

「人を活かす・育てる」活動を記載している企業は、現状、あまりありません。

たとえば、ある企業が、女性管理職比率の低さを課題にしているとします。

そして、いまその会社は積極的に女性を採用し、登用しているとしたら、「見てください、10年後には女性管理職比率がこれくらいに上がります。女性が非常に活躍できる環境が整いますよ」ということが堂々と言えるはずです。

それを採用サイトに載せればいいのですが、そうしている企業は意外と少ない。もったいないですよね。

「いまは課題があるけど、将来はよくなります」という誠実なメッセージは、求職者などのステークホルダーに響きます。「採用された女性が活躍できる環境が、わが社にはあります」とただ漫然と書くより、断然、魅力的です。ミスマッチを防ぐ可能性も高いです。

こういった情報の開示が、これからはもっと重要になります。

自社を「採用に強い企業」にしていくために、人的資本経営について考えることは必須です。それは中堅・中小企業も同じです。


ここまでで、人的資本経営について少しイメージがわいてきたかと思います。以降、事例を紹介していきますので、それらを参照しつつ理解を補ってください。

次章では、「なぜ、いま人的資本経営が必要なのか」という話を、事例を交えながらもう少し掘り下げていきます。

第　章

なぜ、いま「人的資本経営」なのか

人的資本経営にシフトしやすい好機の到来——「条件」がそろっている

じつはいま、日本は人的資本経営にシフトしやすい「チャンスのとき」を迎えています。**経営の仕方を変えるのに貢献する「条件」がそろっている**のです。

その条件とは次のとおりです。

①人口減少にともない、人手不足による経営の不安定さが増すなかで、経営戦略、とりわけ人事戦略の重要性が増してきた

②有価証券報告書への人的資本情報の開示が2023年度から義務化されたことで、約4000社の上場企業がいっせいに「人的資本経営」の状況を発信しはじめた

③その影響により、もともとプライム市場に上場している企業にコーポレートガバナンス・コードで求められていた「人的資本への投資状況の説明」がさらに充実し、人的資本を活かすことでプラスの変化を起こした企業の取り組み・事例も増え、そういった他社事例から互いに学び合うことのできる材料が飛躍的に増加した

これら①～③について、詳しくはのちほど解説を加えていきます。

一足早く簡単に要約しておくと、急激な人口減少が進むなかで人材の希少性が増し、数少ない人材を活かす意識が高まり、人事戦略の重要性が増しているという現実があります。そして、そのような時代背景を受けて、人的資本に関する情報の開示が義務化され、多くの人・企業がほかの組織でどのように人的資本を活かしているかを知ることができるようになった、ということです。

さまざまなところで人的資本の話が顕在化してきました。開示の義務化をはじめ、法整備も進んでいます。

それは、極端な言い方をすれば、危機に対する反応として人的資本が注目されるようになったということです。

いわば、**人的資本経営は「時代の要請」**なのです。

その要請に適切に応じるためには、そもそもの「時代の要請」の中身を吟味することが必要です。

それを経ることで、私たちはこのピンチを「千載一遇のチャンス」として活かすことができます。

どういうことか、説明していきましょう。

未曾有の人手不足時代がやってくる

日本が人口減少時代を迎えて久しくなりました。何度もお伝えしているように、それはイコール、**未曾有の人手不足の時代の到来**でもあります。

経営者も、人事部の人も、それを強く感じているのではないでしょうか。

すでに地方で人手不足は深刻化しています。また、タクシードライバーの担い手不足、コロナ禍で一時解雇が話題になったホテル産業にいまも人材が戻っていないといった問題、アルバイトの時給高騰など、各所にその影響は出はじめています。

一方で、58〜59ページの図2-1で示されているように、東京の人口は増加しつづけています。

そのため、東京に本社がある企業や、就職人気ランキングに頻出する一部企業とほかの企業との間で、人手不足に対する感覚に大きな乖離が生じています。

問題は、この人手不足時代が「始まったばかり」であり、今後ますます深刻になっていくと予測されていることです。

60ページの図2-2は、リクルートワークス研究所が発表した、2022年以降の労働需要と労働供給の推移です。

実線（労働需要）と点線（労働供給）はこれから永久に近づくことなく、むしろ離れるいっぽうとなっています。

この図から、2つの重要な示唆が読み取れます。

①今後、日本の労働力不足が改善することはない

重要な点は、**日本ではこれから長期にわたって人手不足（需給ギャップ）が解消されることはなく、むしろ加速していくという厳しい現実**です。

過大にあおっているのではありません。この調査は、出生率をベースにシミュレーションしているため、限りなく確実性の高い未来予測となっています。

日本の出生数は年々減少しており、30年前は120万人を超えていたのが、現在は80万人を下回っています（ちなみに、1973年の第2次ベビーブーム世代は、なんと209万人です）。

将来、仮にベビーブームの再来があったとしても、就労者になるまでには相当の年月が必要ですから、短日月での挽回はまず期待できません。

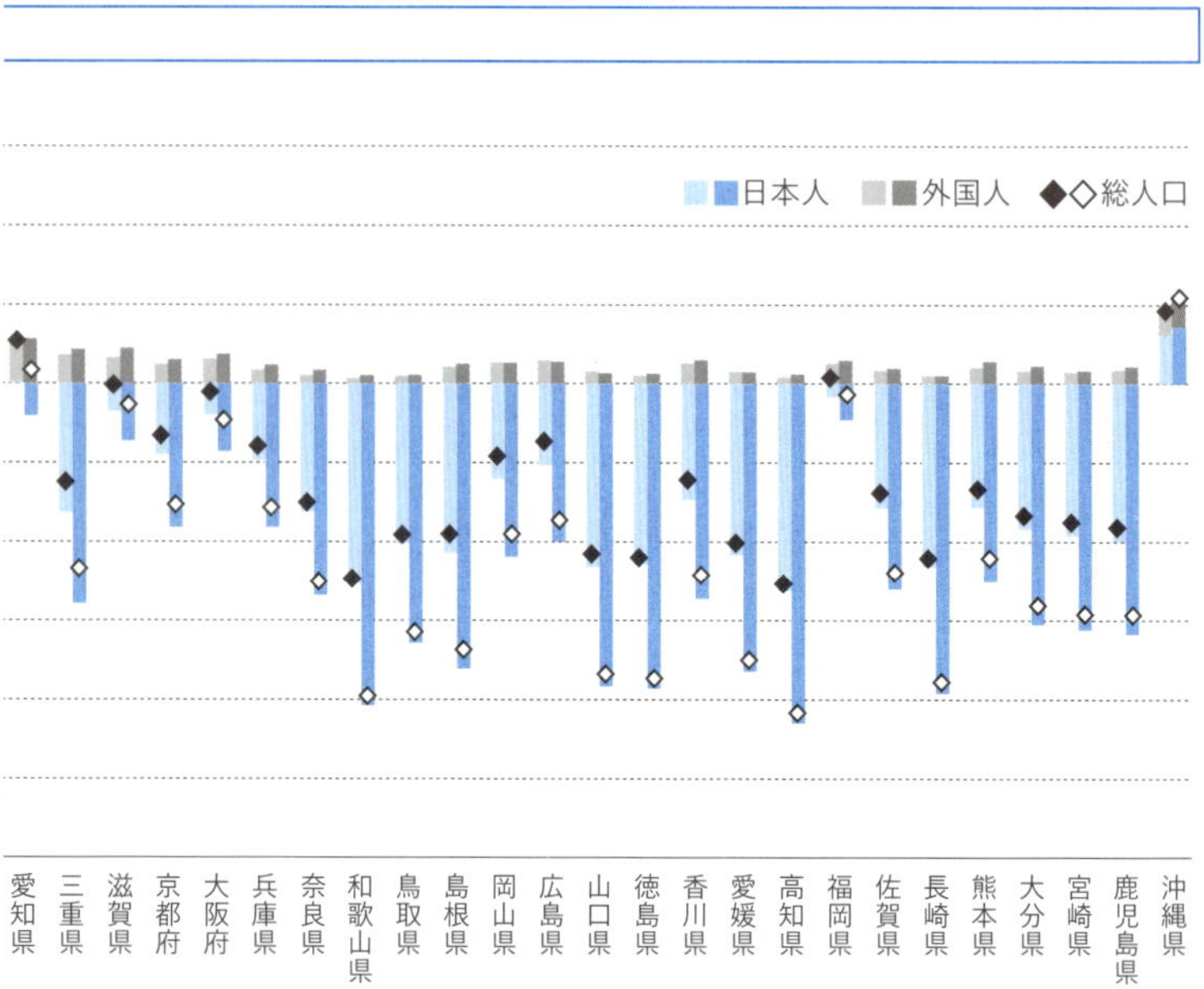

https://www.rakumachi.jp/news/practical/355232

②2027年に人手不足100万人を超える「崖」がやってくる

私が注目している最初の転換点は、**人手不足が大台の100万人を超える2027年**です。それまでゆるやかに増加してきた人材不足の総量が、2027年以降は劇的に増え、状況が急激に悪化します。

それを受けて、社会の雰囲気も「これはマズいかも」というふうに、いっきに変わるかもしれません。

さらに、リクルートワークス研究所は、「2040年には、

図2-1　都道府県別にみた人口変動（2015年～）

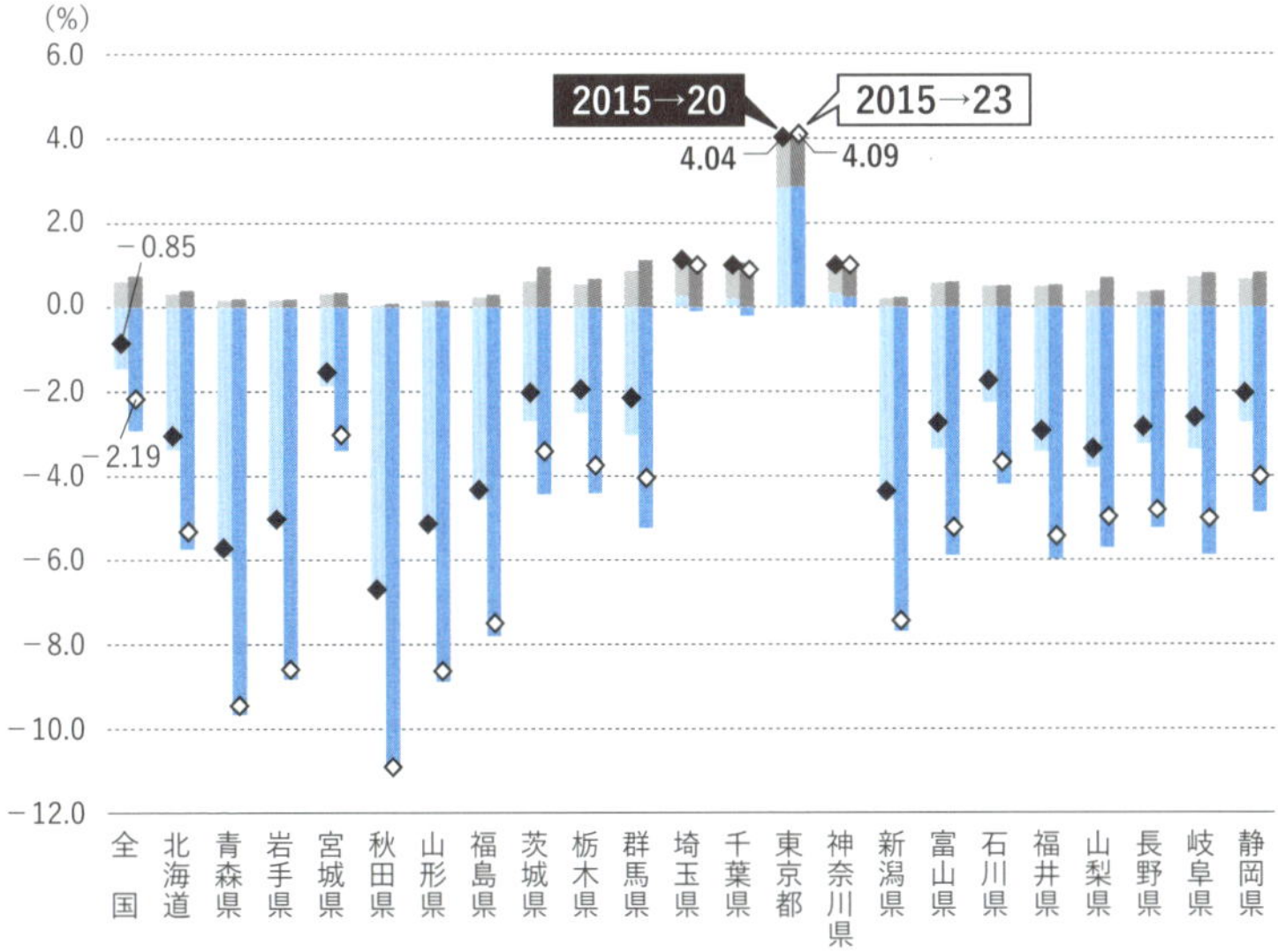

（出所）総務省「住民基本台帳に基づく人口、人口動態及び世帯数」、「楽待不動産投資新聞」より作成
https://www.soumu.go.jp/main_sosiki/jichi_gyousei/daityo/jinkou_jinkoudoutai-setaisuu.html

社会的な需要に対して労働力の供給が明白に不足する『労働供給制約社会』が訪れる」と発表しています(1)。

たとえば、**運送業・建設業・製造業などの労働力は絶対的に不足する**でしょう。

また、AIやロボットへの労働の代替があまり期待できない業種（サービス業など）、あるいは地方企業などは、人手不足そのものが経営課題に直結するようになります。

しかも、これらは決して他人事の未来ではありません。くり返しになりますが、これらは人口統計から導き出され

図2-2 労働需給ギャップの概念図

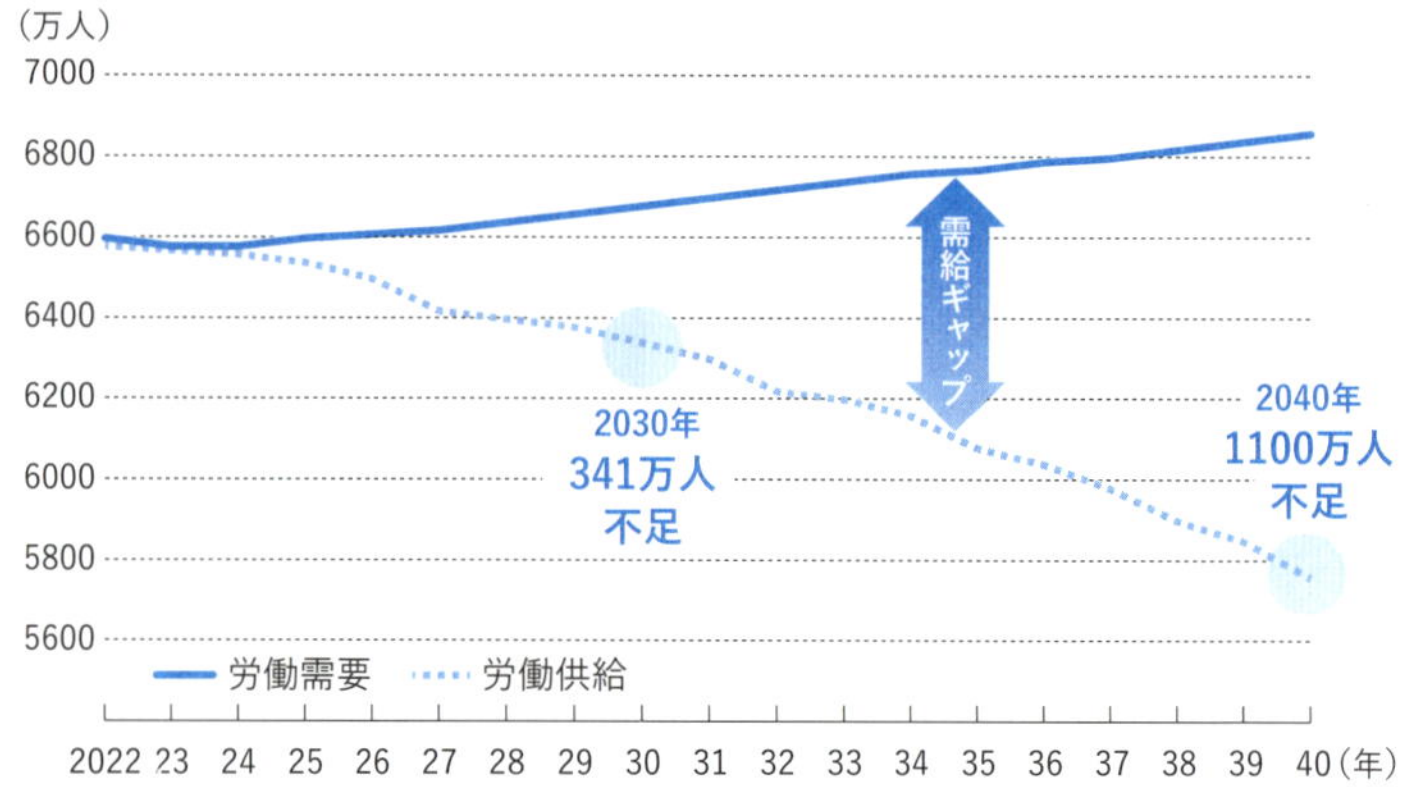

(出所) リクルートワークス研究所「未来予測2040　労働供給制約社会がやってくる」より作成
https://www.works-i.com/research/report/item/forecast2040.pdf

る予測、つまり**ほぼ確実な未来予測**です。

しかも、現時点において「すでに見えている経営課題」でもあります。

これだけ不安定な将来が読みにくい時代において、皮肉めいていますが、これは確実に予測可能な未来なのです。

ですが、世に公開されている大量の中期経営計画を参照すると、そのほとんどがこの喫緊の経営課題を考慮に入れていません。

みな、**いままでどおりの採用コストでいままでどおりの応募が来て、いままでどおりの離職率が継続する**、と過去の実績から考えています。

従来の中期経営計画策定時には、「採用人数○人」「採用コスト○円」「離職率○%」といった目標を、いままでの実績と照らしながら、前例どおり横引きに計画し、記載してきました。

たしかにこれまでは、「それ」でやれる時代だったのです。

しかし、ここまでお読みくださったみなさんには、今後そんな発想は「誰がどう考えてもナンセンス」だとおわかりいただけたと思います。

いままでは、労働需要に対して人材が不足していても、採用条件に色をつけるなどといった多少の努力で人材採用はできたでしょう。数年前に流行した「転勤なし総合職」がその典型です。

しかし、2027年以降は、人材の需給ギャップが開きすぎるために、みなさんの会社においても採用人数が未達となり、採用コストが上がり、年齢層高めのボリュームゾーンが労働市場からいっきに抜けると、人件費もさらに上がり、人に投資しない企業は離職率も増える、ということが起こり得ます。まさにピンチです。

だからこそ、**人事戦略の重要性が増してきている**のです。

このような時代の変化に対して無策のままでいれば、人口減による負の嵐にのまれてしまうかもしれません。

不安定な時代に必要な人事戦略とは？

人口減は内需を不安定にします。これまで商品やサービスを安定的に購入してくれていた国内市場が縮んでいくわけですから、当然です。

「はじめに」でも述べたとおり、**いままで競合でなかった企業同士が小さなパイの奪い合いを始める**などということが、いろいろなジャンルで起きています。

しかも、現代では、そこにグローバル企業も参入してきています。国際的なビジネス交流が盛んになり、グローバル人材が急増するなどして、かつてあった「日本語の壁」はほとんど問題ではなくなりました。

そのため、安泰だと思われた市場に波風が立っています。

近年でいえば、中国の電気自動車メーカーが日本でテレビCMを流しはじめたことが、それを象徴しています。自動車に強い日本でこのような事態が発生するとは、以前は考えられないことでした。

また、白物家電でいえば、いまや中国企業や台湾企業が主なプレイヤーとなって久しくなっています。

インターネットサービスやゲーム産業でいえば、GAFAMのようなグローバルプラットフォーマーが巨大なユーザー数とデータを支配し、あらゆる国に進出しています。そのなかで日本がどのように存在感を示せばいいのか……。課題は山積です。


それ以外にも、たとえば、自社で工場を持たない「ファブレス経営」が可能になったことも見逃せません。

デジタル機器やアパレルの分野を中心に、ブランドや商品の企画・開発のみを本国本社で行い、製造拠点は現地に設けてその運用を現地に任せる、といったスタイルがいっきに広まりました。

これにより、本国は製造の負担から限りなく解放され、身軽に動けるようになります。

そして、その身軽さを活かして、企画・開発などにリソースを集中投下し、急速に変化する市場のニーズに合わせて新製品をバンバン開発。それらを素早く市場に投入。そして、異業種参入や海外市場への参入に打って出ているわけです。

また、近年の活況なM&Aも、内需の不安定さを増す要因になっています。

たとえば、ライバル企業とも思っていなかった企業がM&Aによって急に一大勢力となり、突然ライバルになる、といったことも起こり得ます。

そんな状況にもかかわらず、「このマーケットは既存の4社で25%ずつ分け合っていて、安泰だ」といった発想をしているなら、それはただの「油断」でしかありません。

こういった状況を肌身で感じている人が多いからでしょう。

ひところ、**「現代はVUCA（ブーカ）の時代である」**という物言いが流行りました。「VUCA」とは「先行きが不透明で将来予測が困難な時代」のことです。

その際に問われたものが、前例主義的な、前例やセオリーを踏襲するだけの働き方や、心理的安全性の低さといった日本企業のカルチャーの問題点でした。

要するに、**前例主義では加速する時代の変化に対応できない**のです。

これも前述したこととやや重なりますが、改めて確認させてください。

今後の企業にとって必要なのは、「セオリーや前例の踏襲で『優秀さ』を発揮する遂行者」や「従順な労働者」ではなく、「さまざまな危機や変化に強く、さまざまな価値観のなかで働くことや、スキル開発や挑戦を自律的かつ柔軟に行うことができるような人的資本を持った個人」です。

そういった個人を〝わが社〟に呼ぶには、また、すでにいる社員を活かすにはどうしたらいいか？

変化の激しい時代に見合った戦略が必要なのは当然でしょう。

だからこそ、人的資本経営が注目されはじめているのです。

「法整備」のタイミングは「経営を変える」チャンス

とくに「いま、このとき」に人的資本経営に移行することがポイントです。

なぜ、そう言えるのか。

2023年度から、約4000社の上場企業に対して人的資本経営に関する取り組みの開示義務づけの法整備が行われたことは、くり返し紹介しました。

これは非常に大きいことだと私は考えています。過去の日本を見ても、こういった**法整備によって企業のあり方が変化した**という事例が少なからずあるからです。

一例を示しましょう。たとえば「女性活躍推進法」。

これは、2020年6月から、上場か非上場かを問わず301人以上の労働者を雇用する事業主に対し、女性活躍に関する情報を開示する義務を課すものです。

同法は、2022年7月に改正がなされ、男女賃金格差の公表を義務づけるものになりました。

この流れのなかで、多くの上場企業が女性管理職比率などを開示するようになり、労働者側は、その企業に「男女賃金格差がどれくらいあるのか」や「女性管理職がどれくらいの人数いるのか」などの情報を取得できるようになりました。

いままでは開示義務がありませんでしたから、やる企業はやるし、やらない企業はまったくやらない。

そういった環境では、労働者に多様な選択肢は生まれませんよね。

そしていま、転職希望者がそれらの情報を確認・参照するようになってきています。

そんな厳格な視線にさらされて、多くの企業は（さまざまな問題はあれども）、我も我もと「女性活躍」への取り組みを公表しているのです。

上場企業では、有価証券報告書によって情報を開示する例が多いですが、一方の未上場企業も、自社の採用ページや厚生労働省の「女性の活躍推進企業データベース」などで情報開示を行っています。

2024年3月時点で、データを公表している企業は日本全体で見ればまだ物足りないものの、3万2754社、女性活躍に関する行動計画を提出している企業は4万9965社にのぼります(2)。

こうした流れは、法整備によって非常に短期間に起こりました。

もちろん、当該の情報開示がそのまま実際の「女性活躍」に結びついているかといえば疑問符がつくでしょう。私はまったくそう思いませんが、女性が「優遇される」と捉えて「逆差別である」という論調を聞くこともあります。

また、「変化、遅々として進まず」という総括をしている識者もいます。

しかし、**女性活躍推進の方向へと時代が変化しはじめた、そのきっかけに法整備があった**と言うことはできるでしょう。


そして、これと同じことが企業の人的資本にも起こっているのが「いま」です。

再度言いますが、人的資本への投資状況を開示し説明する企業は相当に増えました。人的資本経営について、他社から学べる機会も急増しました。

そして、中身のともなった実践をしている企業は、すでに成果を出しはじめています（事例は第7章以降で紹介していきます）。

さらに、国の動向にも注目してみましょう。

じつはいま、人口減という「時代の要請」に対応するために、国がさまざまな法整備や施策を進めています。

人的資本に関する情報開示の義務づけもそうですし、本節で述べた女性活躍、男女賃金格差の情報開示もそう。また、男性育休取得率の情報開示や、育児休暇をとりやすくする、介護に対応しやすくすることを目指した環境整備、賃上げなどもそうです。

これらは人的資本経営と有機的に結びついていますが、何を隠そう、これらの変化はここ数年でいっきに起きています。

この**畳みかけるような「国主導」の動きに、私は「国の本気さ」を感じています**。

人的資本経営について、現在、企業が乗れるような「波」を国がつくっている。

これらの要素を勘案するなら、**現況をいやいや受け入れるのではなく、会社を変えるチャンスにしませんか？**

人的資本経営の流れを「主体的に起こすか」「受動的に受け止めるか」

人的資本経営の流れは、遅かれ早かれ社会全体に波及します。

とくに日本では、一定数の企業が何らかの取り組みを始めると、ドミノ倒しのように「わが社も」と、みなが後追いでいっせいに同じ取り組みを開始する、といった現象がし

図2-3　G7各国の実質賃金（名目・実質）の推移

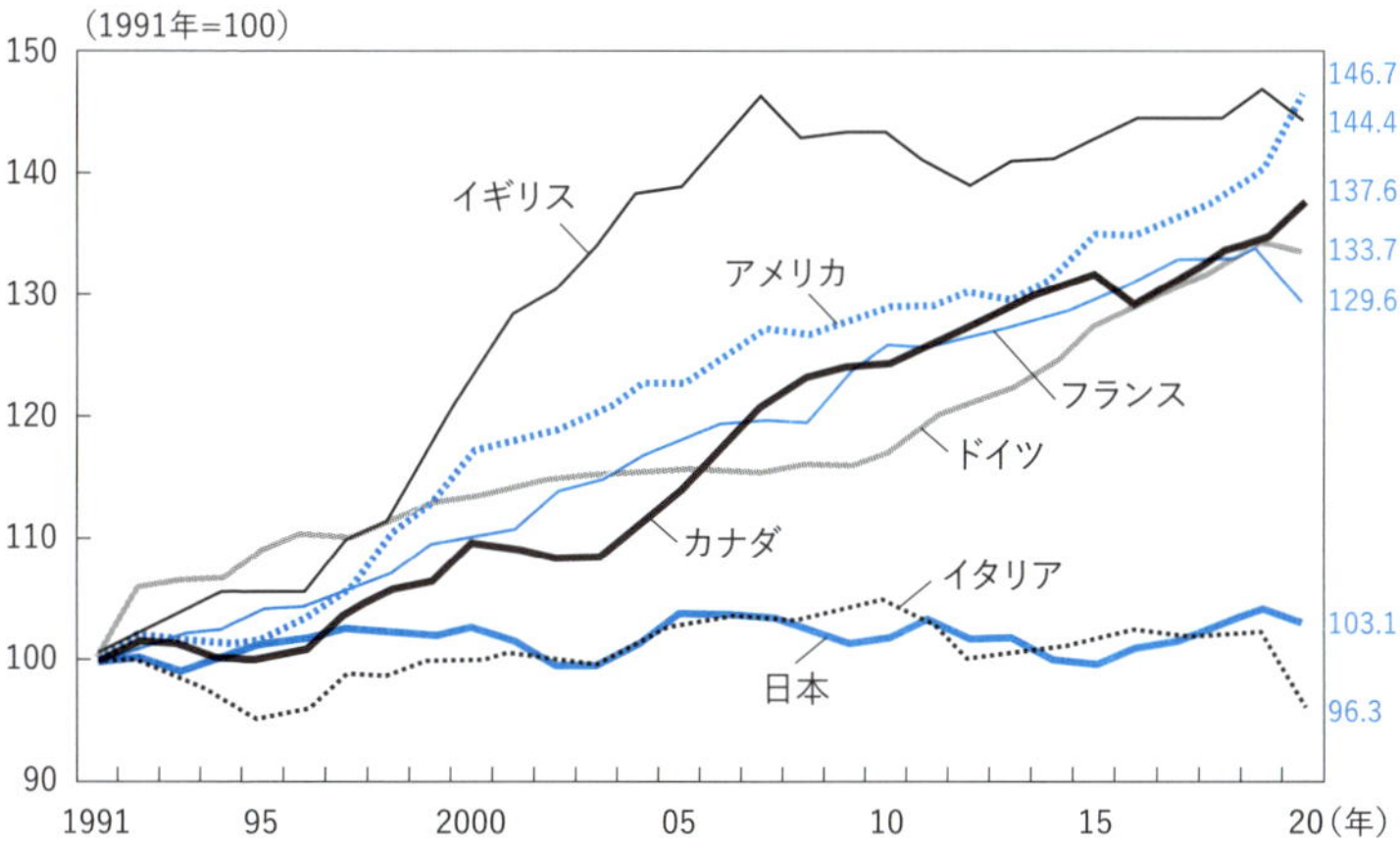

（出所）厚生労働省「労働経済の分析」
https://www.mhlw.go.jp/stf/wp/hakusyo/roudou/21/backdata/column01-03-1.html

ばしば見られます。

今般の**「賃上げ」がいい例**です。

日本の賃金は、過去20年にわたり、世界的に見てもかなり伸び悩んできたと言われています。たしかに、図2-3のグラフを見ると、G7各国はイタリア以外は賃金が増加しているにもかかわらず、日本が伸び悩んできたことがわかります。

しかし、2023年、じつに29年ぶりに3%台の賃上げが実現。

それまで多くの有識者や政府から賃上げの要請があったわけですが、ようやくこのタイミングで変化が起きました。みなさんも多くの報道で大手企業が「賃上げ」を行った、ということを聞いたのではないでしょうか。

なぜ、それまで賃上げがなかなか進ま

なかったのか。

理由のひとつに、**「自社が先んじて賃上げを行うことの怖さ」**が挙げられます。

賃上げを行えば、一時的なコスト増にとどまらず、会社全体の賃金が今後も増加していくことになります（一時的賃上げを除く）。

これを経済が先行き不透明ななかに行うことは、売上が増加する保証がないなかでは、とくに株主への説明の困難性が増します。

そもそも、「失われた30年」において正社員の数を減らさず、非正規雇用者の数を増加させたのも、株主に説明しやすい非正規雇用者の「コストコントロールの柔軟性」というメリットがあったことも要因です。

それが、ここに来て急に、その「事情」を乗り越えて賃上げに踏み切るという判断がなされるようになったのです。

なぜそうなったかといえば、「一定数以上の企業≒みんな」が賃上げをするようになったからです。そこかしこで賃上げが起こり出したら、急に「わが社も、そろそろ……」となるわけです。

いわば**「追随的に」賃上げのドミノ倒し現象**が起こった。

そして、**これと同じことが企業の人的資本経営にも起ころうとしています**。

このような話に触れると、読者によっては、「いかにも日本っぽいな」と感じるかもしれません。

こういった日本社会の特質は、しばしばネガティブに語られがちです。

しかし、私はむしろ「この特質を活かして『失われた30年』を挽回するような成長の転換点を生み出せばいい」と思っています。日本の企業群がいっせいに変わりはじめられるなら、その流れを日本の再生に活かしたほうがいい、と。

人的資本経営へという流れは着実に来ています。

この流れを受動的に受け止めて、報告書などに最低限の必要事項を記載し、その情報を公開だけして「お茶を濁す」なんてことをしていては、ハッキリ言ってもったいない。

むしろ**先行者利益を獲得するために、ブームの先駆けになるべき**です。

日本特有の「右にならえ」的な「一斉現象」を活用する

「ドミノ」が起きるその現象を、仮に**「一斉現象」**と呼ぶことにしましょう。

私自身、この「一斉現象」を体感してきたひとりです。

私はインターネット産業の黎明期から、さまざまな事業の立ち上げに携わってきました。

ITバブル全盛のころに起きた「一斉現象」がいくつかあります。

たとえば、日本のインターネット利用料金は、2001年から4年連続で世界最安値を記録しました。これは、NTTの局舎を安く開放するという法整備をきっかけとした、ADSLの普及が要因となって起きたことです。

ADSLはあっという間に、まさにドミノ倒しのように拡大。その結果、日本のインターネット接続料金は、光ファイバー時代になっても、世界で最も安い部類に入りつづけました。あの時代の一斉変化には驚かされました。

また、2005年には「有限責任事業組合契約に関する法律」が整備され、数多くのベンチャー・キャピタルがそれまでと比較してリスクなく設立することが可能となりました。

さらに、2006年の会社法改正による最低資本金の撤廃（いわゆる1円起業が可能になったこと）などにより、多くの若者が「これはチャンスだ」とばかりに起業を行い、あまたのベンチャーが立ち上がれる環境が整いました。私もこのタイミングで起業したうちのひとりです。

そのため、インターネットベンチャーがいっせいにIT分野に参入し、激烈な競争を開始したのです。

まさにそれも「一斉現象」と呼ぶにふさわしい時代変化でした。

そしてその結果、GAFAMといったグローバルプラットフォーマーに席巻されてしまった欧州や、アジアなどのITベンチャーに比べてもまったく遜色のない大きい日本企業（楽天グループ、LINEヤフー、メルカリなど）が生き残り、独自路線でユーザーの生活を豊かにしつづけています。

また、それに続く新しいベンチャーが次々と立ち上がり、2014年には国内スタートアップの資金調達額はたった1437億円であったのが、2022年には9782億円となっています（なお、2023年には世界的なリセッションにより8039億円と調達金額は下がっています）[3]。

少し以前の話にはなりますが、ベンチャーと大企業の（資本）業務提携である「オープンイノベーション」も盛んに行われるようになりました。

それまで、大企業とベンチャーには、断絶があると言ってもいい環境でしたが、ずいぶんと時代は変わったものです。

仮に、それらの法整備があの適切なタイミングを逃し、日本企業のインターネット産業への進出が遅れていたら？　これほど豊かな日本のスタートアップ企業群は存在し得なかったでしょう。

それにともない、現在のようなスマートフォンを中心とした便利なサービス群も立ち上がっていないかったかもしれません。当事者だった私は、その気持ちを強く持っています。

だからこそ思うのです。

このまま日本が低迷を続けるような、暗い未来を私は見たくありません。

日本の社会を変え、世界をリードしていけるような企業を再度創出する・再成長するためには、「重大な契機」が必要なのです。

とくに日本においては、「他社もやっているから、われわれも……」といった動機で動く「一斉現象」をもうまく使っていくことができる、と。

私がかつて体感したのは、法整備を契機に生じた「一斉現象」です。

法整備には、そういった爆発力を持つ可能性があります。

一斉現象のポイントとなる「3割勢力=クリティカル・マス」とは？

じつは、一斉現象が起きるには**「一定の要件」**がある、とする説があります。

それは、ハーバード大学のロザベス・モス・カンター氏が提唱した**「黄金の3割」理論**

です。これは、**特定の集団のなかでマイノリティの割合が3割に到達したときに、不可逆的、つまり後戻りできないような変化が起きる**というものです。

「黄金の3割」理論をもとにした目標設定は、たとえば日本の「女性活躍推進」の文脈でもなされています。

いわゆる「2020年までに各分野の指導的地位に占める割合を少なくとも30%にする」という政府目標（2003年に設定）の「30%」という数字設定がどこから来ているかというと、ジャーナリストの浜田敬子氏がこう解説しています。

> 本来であれば、男女50：50が望ましいはずだが、現在地があまりにも程遠い場合、まずはその能力を発揮したり、存在感を示すために少なくともその組織で30%が必要だと、この目標が掲げられたのだろう。この30%という数字には、様々な研究からの根拠があるからだ。その一つがクリティカル・マスという考え方だ。集団の中で、存在を無視できないグループとなるには一定の数が必要で、その分岐点を超えたグループは、クリティカル・マスと呼ばれる。「黄金の三割」理論を提唱したハーバード大学の社会学者、ロザベス・モス・カンター教授の研究では、特定グループの比率が「15%以下」だと、その人たちは〝お飾り〟〝象徴〟になり、目立つ代

わりに孤立する苦しみを味わうとされている。「25%」でもまだマイノリティ、「35%」を超えて初めて組織の中で公平な機会を得られるようになるという。[4]

そう、マイノリティが「3割勢力＝クリティカル・マス」を獲得すれば、その前後から組織内でそのマイノリティが公平に扱われるようになる可能性が出てくるのです。だから、女性管理職比率も、まずは30%を目指しているのです。

30%という数値目標は非常に高く、「そんな無理な計画をなぜ目指すのか、まずは現実を見て15%でもいいのでは」と思う人もいるかもしれないですが、この程度の目標でなければ社会の変化が起きにくいから、という背景もあることがおわかりいただけるでしょう。

この理論は、人的資本経営についても言える話です。

人的資本経営が時代の要請であるなら、また、それが未曾有の人手不足時代の日本の成長に不可欠であるなら、私たちは、まさに**人的資本経営に積極的に取り組む「3割勢力」を形成すべき**です。

とくに、人的資本に関する情報がこれだけ公開され、互いに学び合い、企業同士が切磋琢磨し合える状況が生まれた現在は、一斉現象がより生じやすい環境にあるとも言えます。

だからこそ――いまこのときに、人的資本経営に本格的に取り組んでみませんか？

第　章

日本企業が直面している「4つの課題」

第2章では、なぜいま人的資本経営に舵を切る必要があるのか、その理由について解説しました。

本章ではそれに続き、**日本企業が共通して抱えている「4つの課題」**について詳説します。なぜなら、それら「4つの課題」は、まさに**人的資本経営によって乗り越えるべき「標準課題」とも言えるもの**だからです。

のちの章でより実践的な話にも言及していきますが、それらを読む際に本章の「4つの課題」を意識すると、内容の理解度が格段に上がりますので、ぜひ本章の議論にもお付き合いください。

日本企業の課題①

2040年「1100万人の人手不足」時代への対応

以下は第2章で述べたことですが、再度、語らせてください。

日本は近い将来、**危機的な「人手不足時代」**を迎えます。今後、採用コストの上昇や賃上げ、転職や就職における急速な**「超・売り手市場化」**が確実にやってきます。

しかし、それを前提にして中期経営計画などを立てている企業は、残念ながらほぼありません。この危機について具体的な対応策をすでに実行しているという企業も、ほとんどありません。

みな、せいぜい問題を「知っている」だけ。

試練に応じようとはしていません。

たとえば、小売業界の経営計画書を見ると「○年までに売上を1・2倍にする」と書かれていたりします。が、そこには人材不足、つまり、労働力を企業で確保することが困難になる「労働供給の不足」がまず考慮されていません。

だから私が「統計にもとづいた今後の労働供給不足を考慮に入れると、(この書類のままの採用コストを前提にしたら)御社も人が足りなくなって、『売上1・2倍』を達成するために社員個々人がいまの2倍以上売らないといけなくなりますよ」などと言うと、多くの人が「そんな話、はじめて聞いた」みたいな顔をするのです。

その瞬間、経営計画が現実的でなかったことに気づくわけです。**いまと同じ条件で採用なんてできなくなる**のに、です。

まずは、危機の深刻さを認識する必要があると思います。

2023年3月、リクルートワークス研究所が「未来予測2040　労働供給制約社会がやってくる」というレポートを発表しました。

第2章でも触れましたが、そこには衝撃的な内容が書かれています。

図3-1　職業別2030年・2040年の労働力不足予測

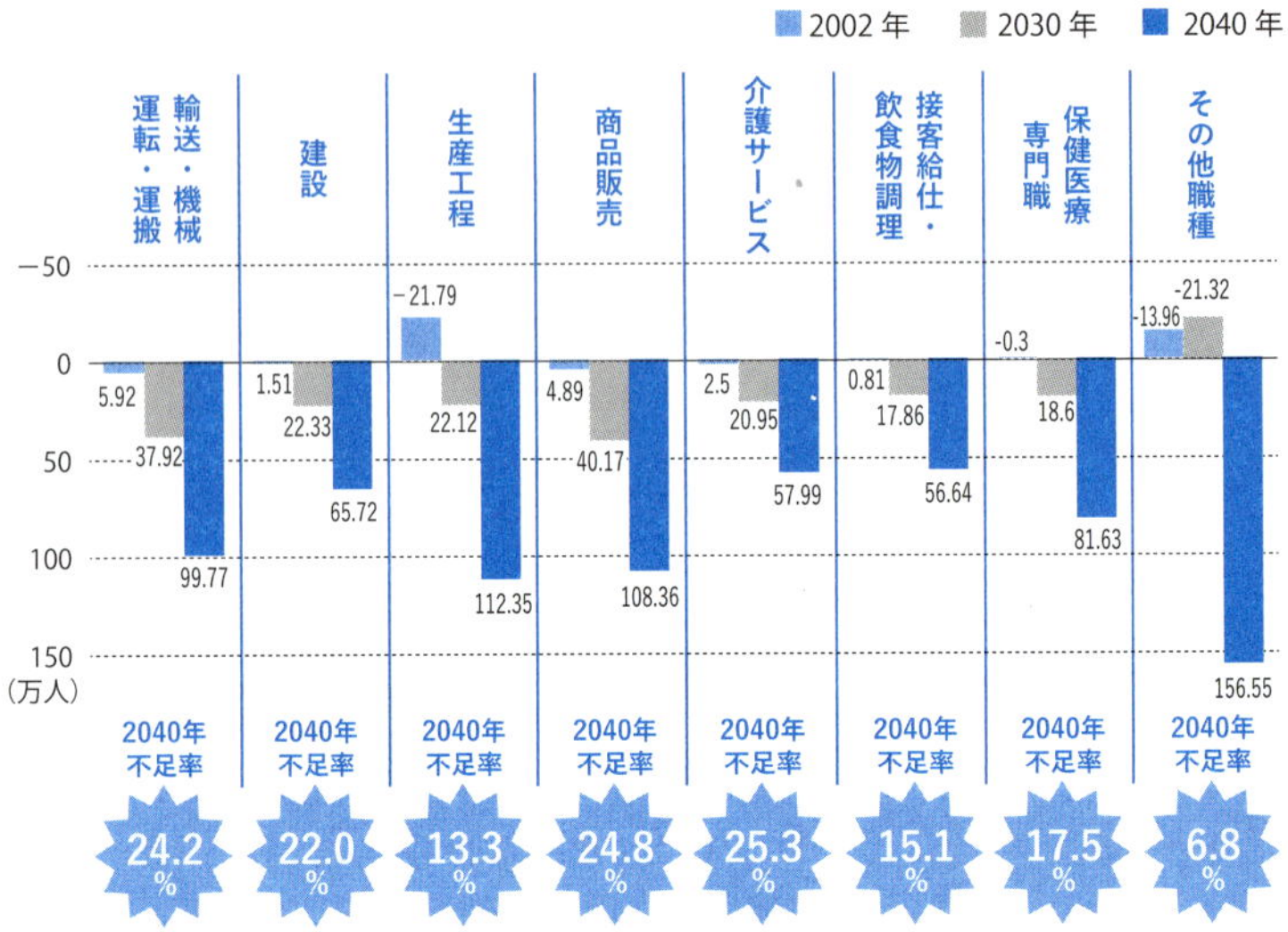

（出所）リクルートワークス研究所「未来予測2040　労働供給制約社会がやってくる」より作成
https://www.works-i.com/research/report/item/forecast2040.pdf

２０２３年当時、日本の労働市場はすでに12・8万人の人手不足状態にありました。

それが２０２７年には１００万人を超え、２０２７年以降はその数値がグンと増えはじめると予想されています（それを私は**「２０２７年の崖」**と表現しました）。

そして２０４０年（現在からわずか十数年後です）には、多くの業界で圧倒的な人手不足になります。その不足総数は、なんと１１００万人以上！

これを、人手の「不足率」で換算してみましょう。

たとえば「介護サービス」は

2040年時点で25・3％不足、また「輸送・機械運転・運搬」などの物流を担う現場は24・2％不足する事態になると予測されています。

これを具体的にイメージしてみると、訪問介護を週5日受けている人が、そのうち1～2日受けることができなくなり、家族などが仕事を休んで看《み》なければならなくなるということです。あるいは、ドライバー不足によって物が届かない地域が増え、人が住めないエリアも広がっていくということが想像できます。

このときには、**ほかの業界から自分の業界へと人材を「奪ってくる」のが当たり前になっている**でしょう。

それなのに、採用コストが現在と同じなんてことはあり得ません。現在と同じ賃金で人を惹きつけられると思ったら大間違いです。

そんな時代に、**「『自分が活躍できそうにない、個人が尊重されない』カルチャーの企業に誰が行きたいんですか？」**という話です。

就職・転職戦線が「売り手市場」になるとは、そういうことです。

企業は課題を提示し、課題を克服するためのストーリーをアピールして「わが社に来てください！」というモードにならざるを得ないのです。

そんなときに、人材の能力すべては「会社のもの」です、というスタンスでいては、まったくダメ。能力などの人的資本は、あくまでも従業員個人から「借りるもの」と考えなければならないのです。
そうした考えを基本としていないと、人材はすぐにあなたの会社から去ってしまいます。

日本企業の課題②

画一性の高い組織から多様性の高い組織へのシフト

昔から、日本企業の社員は画一的に育てられ、扱われていると指摘されてきました。もちろん、一糸乱れぬ行進を想像させるような「均質さ」がそこにあるわけではありません。あくまでも欧米に比べて画一的・均質的だ、という話です。

とはいえ、均質性の高さへの指摘には耳を傾けるべきところがあります。

大手企業のホールディングスやグループの経営幹部ともなると、性別は男性で、いわゆる「本社」の人材が経営の指揮をとり、しかもその人材は東京大学や京都大学、早稲田大学、慶應義塾大学などの出身で、かつ新卒一括採用で入社した「生え抜き」でもある、といったことになりがちでしょう。

ジェンダー・ギャップの解消が進んできたとはいえ、女性の経営者・役員を上場企業で探すことは相当に難しいことは事実でしょう。これを、閉鎖的で均一的な集団として男性のみが経営参画を許される**「ボーイズ・クラブ」**と称する人もいます。

そして、そういった社員たちは、たいてい入社時の一斉研修で「社内に適する人材に」と訓育され、ジェネラリストとして育てられてきました。

日本企業では、35歳の「若手」を脱却する中間管理層になったとたんに、熾烈な出世競争が始まります。それまでは誰もが「チャンスある平等」を享受しているように見えましたが、それが変質するのです。

そして、その競争を生き抜いた社員は、会社側が綿密に設計した「出世ルート」を経験し、社内組織にまさに〝最適化〟して昇進していきます。

そこでは、多様性は生じにくいでしょう。

むしろ**「こういう属性の人はこういう仕事を担うよね」といった固定観念と、「均《なら》されて育てられた」同質性の高さ、そして各職場に均質的な社員が配属されているという事態が企業内に常態化**してしまいます。

男性中心で、新卒一括採用が8割9割を占め、さらに経営陣はプロパーで固められている。この長期雇用を前提とした組織形態は、経済成長を前提とする社会では強烈な成功を収めてきました。

ところが、こうした特性が日本企業の成長をある側面で阻んでしまったとも言えるのではないでしょうか？

たとえば、イノベーティブな発想が生まれにくくなる、アントレプレナーシップを持つ人材が登用されにくくなるなどの弊害を生んでいるかもしれません。

ここも解消すべき課題です。

事例

多様性が鍵になることを明示し、人事戦略に落とし込む
――商船三井

ここで、まさにこの点を経営課題として謳《うた》い、それを人事戦略にまで落とし込んでいる、株式会社商船三井（ＭＯＬ）の事例を紹介します。

同社が公開した、２０２３年版「ＭＯＬレポート」を見てみましょう。

約１４０年の歴史を持つ商船三井は、大手海運企業として発展を続けてきました。

それができた理由について、橋本剛社長が言及した箇所があります。

訓練された均質なスタッフが、チームワーク良くお互いに助け合いながら仕事をこなしていく「日本株式会社」的モデルが、当社の一つの勝ちパターンでもありま

した。

そのうえで、社長はこう続けます。

環境課題の高いハードルをクリアし、世界市場の中で成長・発展していく会社を作ることがこれからの命題となる中、当社は今、このような事業スタイル・勝ちパターン頼みの経営から脱皮すべきタイミングに来ていると私は考えています。その成否は、ダイバーシティ・エクイティ&インクルージョンの強固な推進にかかってくるとも言えるでしょう。

つまり、**社内でいかに多様性を実現できるかが鍵**だということです。

そこで同社は、たとえば、生え抜きが重用されがちな状況を脱するために中途採用を増やし、「本社の社員が強い」という状況を変えるためにグループ全体で適材適所を実現することを人事戦略に盛り込みました。

次ページの図3-2の現状の欄を見ると、同社は「本社人財が中心となりグループ全体を主導」していて、かつ「会社主導の人財配置ジェネラリスト育成モデル」を採用している、と表記されています。

図3-2 理想の姿・アクション・目標を明確に開示

現状	経営計画実現に向け求められる姿	
本社人財が中心となりグループ全体を主導	多様性 多様な人財の活躍	●国籍・性別・年齢に拘らない多様な人財の活躍 ●様々な雇用形態に対応 ●グループ全体での適所適材実現
会社主導の人財配置 ジェネラリスト 育成モデル	共走・共創 未来をともに創り ともに走る	●経営戦略浸透に向けた対話の実現 ●各人が自発的に専門性を高め、スキルを伸ばす環境・制度づくり ●タレント情報の的確な把握と、各自の意志を尊重した配置の実現
組織風土の調査と把握	働き甲斐 エンゲージメント向上	●よりオープンなカルチャーとフラットな組織のもと、グループ全体でエンゲージメント向上に取り組む

商船三井グループ HC Action 1.0

❶ 人的資本獲得・配分の実行
❷ 適所適材の実現
❸ テクノロジーを活用したマネジメントの実施
❹ 自律的なキャリア形成支援
❺ エンゲージメント向上を実現
❻ 人財部門の機能強化
❼ 海技者を惹きつける「魅力」の強化

2025年度末までの達成目標

MGKP在任者の構成率
- ❶ 女性比率 ・・・・・・・・・・・・・・・・・・ 8%
- ❷ 非本社出身者比率 ・・・・・・・ 30%
- ❸ 40代以下比率 ・・・・・・・・・・・ 15%

（単体）陸上職女性管理職比率 ・・ 15%

グループ企業理念／ビジョン／価値観・行動規範の実現・実施に向けたコミュニケーション実施率 ・・・・・・・・・・・・・・・ 100%

グループ全体での公募による異動件数（3年間累計）・・・・・・・・・・・・ 50件

エンゲージメントサーベイ（ES）回答率（国内外グループ全体）・・・・・・・・・・・・・・・・・・・・・・ 90%

ESにおける「エンゲージメント」のKPIスコアが向上した組織の割合（国内外グループ全体）・・・・ 70%

（出所）株式会社商船三井「MOL レポート　2023」
https://ir.mol.co.jp/ja/ir/library/integrated_report/main/0111111/teaserItems2/0/linkList/0/link/MOL_REPORT2023(J).pdf

これらの課題に対し、同社は理想を掲げました。

すなわち「多様性（多様な人財の活躍）」「共走・共創（未来をともに創りともに走る）」と――。そして、これらの課題を解くための打ち手もまた開示しています。

具体的には、MGKP（＝本社部長級として、グループ・グローバルを問わず指定されたポスト）につく人のなかの「女性比率」「非本社出身者比率」などを高めるというのです。つまり、本社出身ではない人や女性も上のポストにつけるようにするということです。

また、社内人財の流動性を高めるために異動希望者を公募し、異動者数を増やすことも目指しています。

あとで述べますが、じつはこのようにして**「経営戦略」と「人事戦略」を連動させながら開示している企業は非常にまれ**です。

しかし、商船三井は、社長の談話と人事戦略がしっかり合致しています。これは高く評価すべき点です。

日本企業の課題③

ジェンダー不平等による女性活躍困難の改善

日本のジェンダー・ギャップ指数（GGI）が国際的に見て低いということは、かなり知られてきた事実だと思います。

2024年、日本は調査146カ国中「118位」でした。(1)

もちろん、ジェンダー不平等な状態のまま、日本がまったく進歩してこなかったというわけではありません。

「女性は結婚して専業主婦になればいい」といった、かつてのような価値観は相当に影を潜めてきました（といっても、その残骸はいまも根強く存在するわけですが）。

とはいえ、GGIの詳細を見ると、政治参画におけるジェンダー・ギャップはいまだ絶望的で、経済参画についてもようやく国際平均に至っているという程度です。たとえば、事務職やサポート職、およびリレーションシップ系（人事・IR・広報）など「R」がつく職種に女性が多いという傾向は現代でも多く見られます。

これは、**「女性が担う仕事のイメージ」を固定的に捉えたアンコンシャス・バイアス（＝無意識の思い込みや偏見）**のように私には見えます。

なぜ、日本企業では女性活躍が進まないのか。
まずは、現実を捉えていくことから始めましょう。
ここで参考になるエピソードを紹介します。

本書の対談企画にも出演いただいている、丸井グループ社外取締役の岡島悦子さんと以前、対談させていただいたことがあります。

その際、岡島さんに「日本は女性活躍のロールモデルがいないから女性管理職が増えず、ダメなんだとよく言われます。実際はどうですか？」と聞きました。すると、印象的な答えが返ってきました。

要するに**「現今のロールモデルなんて要らない」**という話をされたのです。

いま女性活躍のロールモデルとされている人たちは、言葉を選ばずにいえば、男性的な価値観が依然として強いビジネスの世界で、その価値観に適応しながら勝ち上がってきた女性が多い。「男性に負けず劣らず働いて」といった考えが基礎にあって、そこに加えて出産や子育てまでが求められた時代だったのです。

少なからぬ女性たちは、たしかにその要求に応え、男性的な価値観に適応せざるを得ない状況のなかで奮闘し、道なき道を切り拓いてきました。

現在、そういった女性たちがことさら女性活躍のロールモデルとして取り上げられているわけですが、岡島さんは**「そのモデル『だけ』が求められるようなら、ロールモデルなんて要らない」**と主張しています。つまり、**いま必要なのは「もっと多様な」働き方・生き方を実現した（している）女性のロールモデル**だというのです。

とくに――岡島さんはこう語っていました。

大事なのは身近なロールモデルだ、と。

ポストという視点でいえば、自分のちょっと上のポジションにいるような、女性が身近に感じられる等身大の女性をロールモデルにすべきだというのです。

自分の仕事や生活を考慮して働き方を想像しやすい人が身近にいれば、女性は活力を得ていくでしょう。

その結果として、管理職につきたいという女性が増えたとしたら、それは素晴らしいことだと思います。

これは男女に関係なくですが、じつは現在、管理職につきたいと思う人が減っています。そもそも管理職が憧れの対象ではなくなってきている。

そのうえで、男性に比べてより多くの女性が「管理職にはつきたくない」と思っている。にもかかわらず、「女性管理職の比率を上げる」ことを目的にして、無理やりそれを達成しようとしたらどうなるでしょうか。**満足するのは経営者だけ**、といった世界になるような気がします。

この課題を考える際に軸にしてほしいのは、ひとつの指標として、**「将来は管理職につきたい・挑戦してもいい」と思う女性の比率を高める**ことです。

もっと言うと、そう思う男性社員の比率と女性社員の比率を同じレベルにともに高めていけるような職場環境を整えていくことです。あくまでも、多くの社員が自ら意思を持って管理職につく状況をつくってほしいのです。

みなさんはご存じでしょうか。

じつは「女性取締役がゼロなら、代表取締役の選任に反対します」という機関投資家が増えているというニュースが、数年来話題になっているということを。

「女性役員がいない会社は差別的だ」と見る投資家は着実に増加しています。

時代は刻々と変化しています。

当然の話ですが、「女性管理職比率が低く、かつ、数年にわたってその数字がピクリとも変化していない会社を、今後、社会や投資家、求職者はどう思うのか？」を考えてみれば、答えは自明でしょう。

まずは、男女ともに働きやすい職場を実現していくべきです。

そして、女性が不安なくキャリアを考慮に入れられる環境をつくっていくべきです。

そのなかで、女性が自然と「管理職につきたい」と思えるような状況が生じれば、事態は変わります。その結果として女性管理職比率が向上するといった流れが理想です。

そのための具体策については、第7章で事例を用いて解説します。

日本企業の課題④

エイジダイバーシティと若手の離職・ポスト不足への対応

当然ながら、社内にはいろいろな世代の社員がいます。

若手、中堅、ベテラン、それぞれが持っているスキルも経験も異なるでしょう。また、仕事に対するモチベーションや経営について持っている視点なども違ってくるはずです。

その差異が「多様性」として活かされる職場なら、問題はありません。それこそがエイジダイバーシティ（世代や年代による多様性）の目指すところです。

しかし、実際の職場の多くは、むしろ世代間ギャップに苦しんでいます。これを解消することも日本企業が共通して持っている課題のひとつです。

これまで私は、お客さま数万人分のエンゲージメントサーベイを読んできました。

そこから見えてきた課題があります。

新卒3年目までと、役員陣など高位役職者のエンゲージメントスコアが高いことに比べ、中間管理職層のエンゲージメントスコアが明らかに低いという事態が、ほぼすべての会社で発生しているということです。

不思議なことに、**どんな業界でも、どんな職種でも、ほとんどの企業でこの傾向が見られました。**

新卒で入社して3年間くらいは、みなも手取り足取り教えてくれるし、成長幅が大きく、働いていて楽しいことが多い。だからエンゲージメントも高い。

ところが、20代後半から30代前半のころになると、エンゲージメントが下がるのです。とくに中間管理層の要《かなめ》である課長職クラスにおいてエンゲージメントスコアの低下が著しい。

社会的に「若手」というと、だいたい35歳以下を指すことが多いようですが、その若手はほとんどの期間をエンゲージメントが低い状態で過ごしているのです。

よく、私のお客さまのなかに、「若手の離職が多くて……」と嘆いている人がいらっしゃいます。それは個社の問題でもあり、同時に日本企業全体の問題でもあるのです。

一方で、課長職から部長クラスへ変わると、再びエンゲージメントスコアが上昇しはじめます。それ以降はだんだんと上がり、役員クラスになるとマックスに到達します。

つまり、**課長職あたりを「谷」の底として、エンゲージメントスコアが変化している**わけです。

なぜこういうことが起こるのでしょうか。

じつはこれには**「挑戦できているかどうか」が関連している**と考えられます。

たとえば、エンゲージメントサーベイのなかに「挑戦できていますか?」といった趣旨の設問が見られます。その内容を見ると、かなり多くの新人が「挑戦できている」と答えていました。

しかし、新卒3年目以降はだんだん挑戦できなくなり、課長などのリーダー的な存在になってからは「挑戦できていません」と答える人がほとんどになります。そして、部長職より上になると、また再び「挑戦できている」と答える人が増えていくのです。

日本のビジネスシーンでは近年、**管理職につくことが「罰ゲーム」になっている**と言われています。

それもそのはずです。日本の管理職の仕事量は名実ともに増えていますし、変容もしています。部下の管理監督だけではなく、コンプライアンスにも対応しなければなりません。部下とのコミュニケーションも変化を求められています。

働き方改革により、社員の業務時間が減ったことで、部下の仕事を代わりに行っている人もいるかもしれません。

上からも下からもプレッシャーをかけられる。しかも、部下の育成はうまくいかないし、業務量は増えるし、後任もいない。

多くの新卒入社社員は、会社を辞めない限りは、入社以来ずっとこの昇進レースを続けることになるわけです。

それはつらいですよね。

新卒4年目くらいから、そういった「つらそうな未来」が見えてくるので、エンゲージメントスコアが下がるのです。

私がコンサルをしているお客さま企業のなかで、「将来、中間管理職につきたい」と答える若手が20％を超えていた企業は、数社しかありませんでした。

みなさんの会社でも、匿名の簡単なアンケートでいいので、質問してみてください。**思った以上に「管理職になりたくない」と答える社員の割合は高い**のです。

「給料が増えそうだし、課長になってもいいかな」と思うより、**「ああはなりたくないから、スキルを身につけて、どこかに転職しよう」**と考える。そういう若手が多いのが現実になっています。

しかも、その20代は人口比率的に、もはやマイノリティです。

日本の就労人口において20代はすでに15%を切っています。そんな希少な20代に、多数派の年代層が古い価値観で圧力をかけていたとしたら、どうでしょうか。

「出世のためには泥水をすすって」

「キャリア的に遠回りだと感じることも、経験だと思って我慢して」

「10年経って部長になったら、おもしろくなるよ」

「いつかきっと、長く働いていればいいことがあるよ」

こういったささやきは、若手には価値観のギャップを感じさせる声として響きます。

「若手には甘く」とは言いませんが、企業の競争力をこれからも保っていくには、「特別な配慮」は必要でしょう。

少なくとも「俺の背中を見ろ」的なマネジメントでは通用しません。

ですから、**大きな目標として、エイジダイバーシティを推進してください**。

たとえば、私のお客さま企業のなかに、**「課長体験」**を実施している会社があります。

新卒の人も役員も、課長の業務をしばらく体験してみるのです。で、どこにおもしろみがあり、逆に何が大変なのかを感じてみる。

そうすることで、世代間のギャップを埋めようとしているのです。

その会社では、この取り組みの成果もあってか、課長になりたい人の比率が増えているそうです。

事例

10年後の世代別人員構成を予測し開示 ——三菱商事

この点に関する興味深い事例として、三菱商事を紹介します。

商社の事業モデルというと、10年単位で変化し、求められる人材像もそれに応じて変化するというイメージがあります。その影響でしょう。同社の中途採用人数は、ここ3年で倍増しています。

次ページの図3-3を見てください。とくにエイジダイバーシティという観点から見ると、この図は大変示唆に富みます。

私はこの図を見て衝撃を受けました。

現在の20代、30代、いわゆるミレニアル世代（1981年〜1996年生まれ）やZ世代（1997年〜2012年生まれ）が、あと10年もすると会社の8割を占める、という状況が示されているからです。

一方で、あと10年もすると、40代、50代のX世代（1965年〜1980年生まれ）は

図3-3　10年後の外部環境と内部環境（世代別人員構成）を予測

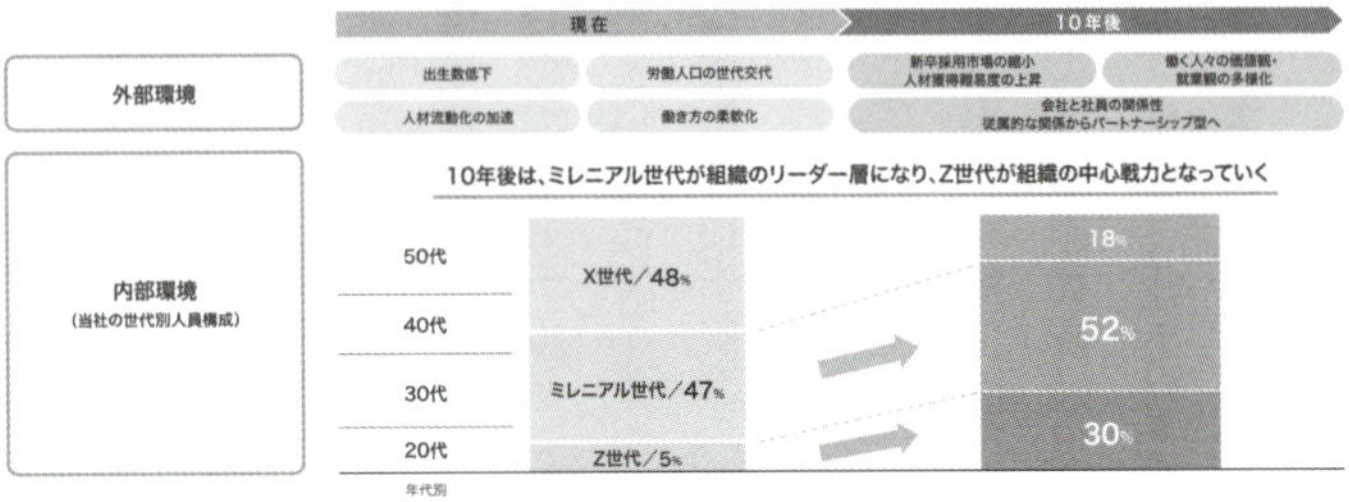

（出所）三菱商事株式会社「MC Shared Value Creation Forum ～ ESG対話～」
https://www.mitsubishicorp.com/jp/ja/ir/event/pdf/240409_esg_02j.pdf

2割を切ってきます。

ブルーカラーが多数いる製造業はこれとは多少異なりますが、じつはほとんどの企業でこういった年代構成になっていくことが予想されます。

事例

高齢化という課題をもとに、人員の若返りをシミュレーション ——神鋼鋼線工業

続けて、もう1社、神鋼鋼線工業という鋼材メーカーの事例を紹介しましょう。

この企業では、2023年の年代ポートフォリオと、その15年後、2038年の年代ポートフォリオを比較しています。

次ページの図3-4のグラフを見てください。

現在は20代、30代含め、バランスよく人材がそろっていることがわかります。

ところが、2038年の点線のグラフを見ると、20代、30代は大きく減少し、50代がピークになっています。

つまり、社員の平均年齢が相当に上がるということです。

これは放置できない課題と見なせます。実際、開示資料にも「2030年から急速に若返りが必要となる想定」と記されています。

じつは、この企業には特有の課題があります。それは、技術領域がニッチであるということです。そのため、ほかの企業からの即戦力の確保は困難であるという記述が開示

図3-4　2023年と2038年の世代別人員構成のシミュレーション

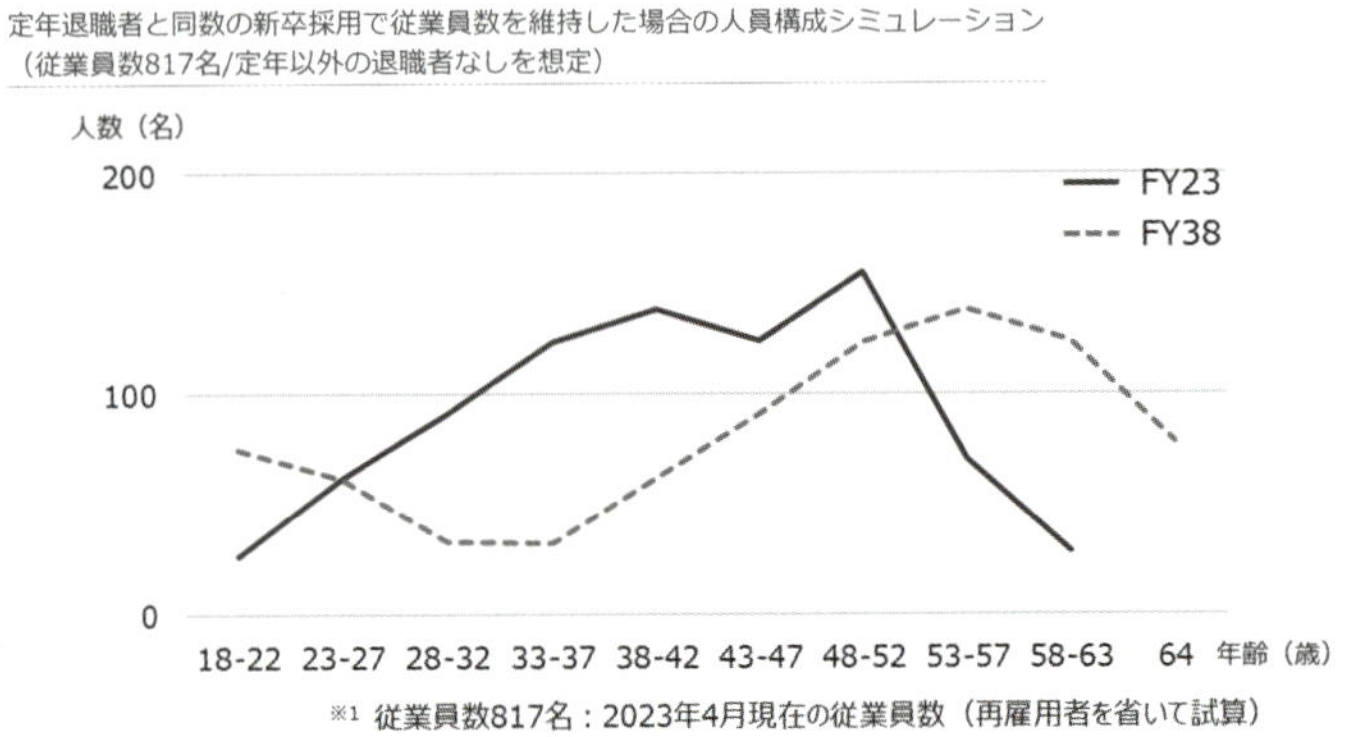

（出所）神鋼鋼線工業株式会社「サステナビリティ経営〈人的資本の拡充・高度化〉人的資本経営について」
https://www.shinko-wire.co.jp/sdgs/materialities04_01.html

情報にも記載されています。新しい人材の確保がとても難しい、ということです。

そのために同社は、人事施策として「組織の枠を超える」「社内公募制度」「挑戦目標の評価手法の変更」といった大胆な打ち手を経営戦略に据えました。

それで、サステナブルな成長を志さなければ、人は入ってこないと同社は自覚しているのです。

もし求職者がこういった戦略情報を見聞きしたとしたらどうでしょうか。

入社直後から心理的安全性の高い組織のなかで、自らが会社を変えていく主体として活躍できるかも、と思うかもしれません。

また、ここまで会社が社会に対して約束・宣言をしてくれれば、若手社員も「自分がこの会社の命運を握っているんだ」と感じることができるでしょう。

今後、こういった効果を考慮に入れた情報の開示がますます重要になってきます。

ぜひ、多くの企業に取り組んでほしいところです。

ちなみに、神鋼鋼線工業の開示のあり方は、リスク情報として「開示しすぎなのでは？」と感じた人もいらっしゃるかもしれません。

「わが社ではここまでは出せないよね」と。

たしかにそれは一見「リスク情報」のようにも見えます。

が、それとは反対に、**企業の将来的なストーリーとそのための意思決定を「しっかりとしたエビデンス」をもとに行っているというメッセージ**として見ることもできます。

むしろ、いまはこういった開示を好意的に受け取る人が増えています。

いまは、**「何も開示しない」ことのほうがリスクになる**かもしれません。

試しに、みなさんの会社でも「年代別」や「事業別」といった属性別の採用計画と離職率をもとに**「15年後の人材配置シミュレーション」**をしてみてください。

現在から15年後というと、以前紹介した**「1100万人の人手が足りなくなる2040年」が目前に迫るころ**です。

そのときには、多くの企業間で人材獲得競争が想像を絶するほど苛烈になっているはずですから、いまの企業経営の上層部とはまったく異なる価値観の社員が主役となっているかもしれません。

そのためにも、年代差による対立があるなら、それをいまのうちに解消し、たとえば大胆な抜てきを行うなど、新しい世代が主役になったときに困らないための仕組みづくりの努力をすべきです。

近い将来に起こり得る自社の課題をそこから析出し、いまから対策を考えていきましょう。

第　章

500の事例から見えた人的資本開示の現在地

第3章までの議論のなかで、いま人的資本経営が必要とされている理由や、日本企業が共通して直面している課題について確認しました。

問題の「緊急度」がおわかりいただけたかと思います。

さて、第3章でも3社の人的資本開示の内容の一部を紹介しましたが、次章以降は、膨大な企業の開示情報に目を通してきた私の視点から、より実践的な話と、とくに優れた内容・取り組みを展開していると感じた企業の事例を紹介していきます。

本章ではその前段階として、そもそも「人的資本開示」とは何なのか、また、どんな人的資本開示が「優れている」と言えるのかについて解説することから話を始めます。

やや煩瑣《はんさ》な内容になりますので、人的資本経営のノウハウや先行事例を早く知りたいという人は、この章を飛ばし、第5章にお進みいただいても構いません。

では、さっそく解説に移りましょう。

「人的資本開示」とは何か

人的資本開示とは何でしょうか。

端的にいえば、それは、**ステークホルダーに対する企業からの「人に関する重要な約束の表明」**ということになります。

人事や人材育成の仕組みから、イノベーションが起こりやすい職場環境の整備まで、**「人」に関する重要な事柄について「現在の状況は○○です。そして○年までに○○を○%改善します」といったかたちでステークホルダーに「約束」として提示する**のです。

企業を取り巻く主なステークホルダーには、株主、従業員、求職者、取引先、地域社会などが存在します。彼ら彼女らに対し、人的資本について「現状」を報告するとともに、「これから目指すもの」を具体的に示すのです。

ステークホルダーは、そこで示された「約束」がきちんと守られるかどうかを見ます。

とくに時代の不安定さが増し、人事戦略に注目が集まるようになった現在にあっては、株主などからの開示要求は強まっています。

これに応えることが大切です。

2022年8月、「人的資本可視化指針」を内閣官房が公表しました。[1]

同指針は、人的資本を可視化するために推奨される項目などを明確化したガイドラインです。政府が求めた内容は、以下の分野です（個々の説明は割愛します）。

図4-1　人的資本可視化指針

人材育成に関連する開示事項

・研修時間
・研修費用
・パフォーマンスとキャリア開発につき定期的なレビューを受けている従業員の割合
・研修参加率
・複数分野の研修受講率
・リーダーシップの育成
・研修と人材開発の効果
・人材確保・定着の取組の説明
・スキル向上プログラムの種類・対象等　など

従業員エンゲージメントに関連する開示事項

・従業員エンゲージメント

流動性分野

・離職率
・定着率
・新規雇用の総数・比率
・離職の総数
・採用・離職コスト
・人材確保・定着の取組の説明
・移行支援プログラム・キャリア終了マネジメント
・後継者有効率
・後継者カバー率
・後継者準備率
・求人ポジションの採用充足に必要な期間　など

ダイバーシティ分野

・属性別の従業員・経営層の比率
・男女間の給与の差
・正社員・非正規社員等の福利厚生の差
・最高報酬額支給者が受け取る年間報酬額のシェア等
・育児休業等の後の復職率・定着率
・男女別家族関連休業取得従業員比率
・男女別育児休業取得従業員数
・男女間賃金格差を是正するために事業者が講じた措置　など

健康・安全分野

・労働災害の発生件数・割合、死亡数等
・医療・ヘルスケアサービスの利用促進、その適用範囲の説明
・安全衛生マネジメントシステム等の導入の有無、対象となる従業員に関する説明
・健康・安全関連取組等の説明
・(労働災害関連の) 死亡率
・ニアミス発生率
・労働災害による損失時間
・(安全衛生に関する) 研修を受講した従業員の割合
・業務上のインシデントが組織に与えた金銭的影響額
・労働関連の危険性（ハザード）に関する説明　など

コンプライアンス・労働慣行分野

・人権レビュー等の対象となった事業（所）の総数・割合
・深刻な人権問題の件数
・差別事例の件数・対応措置
・団体労働協約の対象となる従業員の割合
・業務停止件数
・コンプライアンスや人権等の研修を受けた従業員割合
・苦情の件数
・児童労働・強制労働に関する説明
・結社の自由や団体交渉の権利等に関する説明
・懲戒処分の件数と種類
・サプライチェーンにおける社会的リスク等の説明　など

（出所）内閣官房「人的資本可視化指針」
https://www.cas.go.jp/jp/houdou/pdf/20220830shiryou1.pdf

多岐にわたる項目が提示されています。

しかし、注意してください。これは、「すべての項目を開示せよ」という意味で示されたものではありません。

そうではなく、これらはあくまでも「開示の際にガイドラインとして活用してくださいよ」という意味合いが強い指針です。

人的資本開示をめぐる状況の変化

前節の「人的資本可視化指針」の公表に続き、2022年11月7日に金融庁から「『企業内容等の開示に関する内閣府令』等の改正案の公表について」が公表されました。(2)

こちらはガイドラインとして示されたものではなく、法改正にあたります。これにより有価証券報告書にどのように人的資本を開示するかが定められました。

そして翌2023年1月31日に、同年3月期の有価証券報告書から、すべての上場企業に対し、「サステナビリティに関する考え方及び取組」項目において、人的資本に関する戦略や目標を開示することが義務づけられたのです。
それは次のような文言で発表されました。

> （30-2）サステナビリティに関する考え方及び取組
> c（前略）人的資本（人材の多様性を含む。）に関する戦略並びに指標及び目標について、次のとおり記載すること。
> （a）人材の多様性の確保を含む人材の育成に関する方針及び社内環境整備に関する方針（例えば、人材の採用及び維持並びに従業員の安全及び健康に関する方針等）を戦略において記載すること。
> （b）(a)で記載した方針に関する指標の内容並びに当該指標を用いた目標及び実績を指標及び目標において記載すること。

ここで重要なのは、**人的資本経営の状況について、きちんと戦略を示し、指標を用いて「目標と実績」を開示することが必須**となったことです。言葉で言うのは簡単ですが、これらの開示を準備するのは相当に大変な事態です。

なぜなら、企業にとって「実績」をデータ的に開示することは容易ではあるものの、**「目**

標」を記載することは、それがそのまま社会や従業員への約束となってしまうからです。

目標を掲げるからには、達成しなければならない。そして、目標を達成するためには当然ながら戦略やアクションも必要になってきます。そこには責任がともないます。それらを練りに練った戦略として示すのはかなりの負担となります。

また、そういったことに着手したことのない企業も多く、未知の領域であるがゆえに作業負担が大きいという側面もあるでしょう。

このように**「目標」の開示には、これまでの数段「上」のレベルの開示が求められる**のです。

人的資本開示は誰もがまだ「手探り段階」

「2023年3月期決算から開示対象です」と人的資本の開示義務が金融庁から公表されたのが、前述したとおり、2022年11月7日です。

その公表から義務化までは、まさに「あっという間」でした。

そのため、この件に寄せられたパブリックコメントには、「早すぎるのではないか」「実務が追いつかない」「1年後でいいのではないか」といった声が多く寄せられました。

サステナビリティ情報の開示については、2023年3月31日以降に終了する事業年度からの強制適用は現実的に厳しく、投資家の判断に資する情報の提供という観点から考えても、少なくとも適用までに1年以上の十分な期間が必要である、との見方が多くありました。

左のパブリックコメントが、その一例です。

上場企業としてサステナビリティに関する情報開示が喫緊の重要課題と認識するものの、サステナビリティ情報は、単に内閣府令に示された開示にとどまらず、有価証券報告書に記載されたほぼ全ての定性的情報と強く関連するものになることから、短期間で対応しようとした場合、著しくその内容に整合性を欠くものとなって、投資者に対し却って誤った認識を与える、或いは不正確なものとなりかねない。また、現実問題として、資源・物価高騰による業績へのマイナス影響が深刻な中、短期間でこれに対応するためには、外部専門家の助力を得るしかなく、それがコスト負担になり、さらなる業績の悪化へ導くことが考えられる。

したがって、スタンダード市場に上場する企業においては、適用時期が2023年3月31日以降に終了する事業年度になることは早すぎるのではないか。2023

年については早期適用が可能とし、2024年からの強制適用を目指すべきである。

つまり、開示までに時間がなさすぎるため、開示情報が不正確になりかねないし、開示には外部専門家の助力も必要でコスト負担が増大する、というのです。

これに対し、金融庁は次のようにコメントしました。


今回の改正では、細かな記載事項は規定せず、各企業の現在の取組状況に応じて柔軟に記載できるような枠組みとしております。

例えば、2021年6月に施行された改訂コーポレートガバナンス・コードにより、プライム市場上場企業に対する気候変動対応に関する開示や、人材育成方針や社内環境整備方針の開示がスタートしており、企業の取組状況に応じて、これらの内容を有価証券報告書において記載することが考えられます。

また、女性管理職比率等の指標については、女性活躍推進法等に基づき公表されるものを2023年3月期から有価証券報告書においても開示対象とするもので、有価証券報告書のために新たに集計が必要となる数値ではありません。

このように各企業の取組状況に応じて、まずは2023年3月期の有価証券報告書から開示をスタートいただき、その後、投資家との対話を踏まえ、自社のサステ

ナビリティに関する取組の進展とともに、有価証券報告書の開示を充実させていくことが考えられます。(3)

先の「現場の悲鳴」のような声に対し、金融庁のこの回答はある種「ドライ」なもののように読めます。

が、それと同時に、私にはこれらのメッセージが、ある種の「柔軟さ」にも感じられました。

すなわち、金融庁は先の文言を通して**「まず、やってみよう。そこからトライ・アンド・エラーも含めて実践し、全員で学び合おう」**といったメッセージも発しているのです。

人的資本開示については、まだ誰もが「手探り」の状況である。だから、そうせざるを得ない、ということです。

そしてこのことは、**「人的資本経営にいま大きく舵を切ることが、そのまま先行者利益につながる」**ということも意味しています。

近年、日本株全体の株価上昇局面とも相まって、海外機関投資家などが積極的に日本株を買う場面が増加してきています。

このような状況下において、日本企業は、生産性の低さや人的投資の伸び悩み、低いエンゲージメントなど、非財務事項について問題を山積させている。もちろん、人口減にともなう人手不足は根本課題です。

日本に資金は集まりつつある。
一方、人に関する問題は山積み。

こう考えていくと、なぜ政府が開示義務化をこれほど「急いだ」かがわかります。大切なことは、これらの課題について、社会的に「解決しなければ」というムーブメントをつくり出し、それによって日本への資金流入をさらに増やすことです。政府はそのタイミングが「いま」だと考えたのですね。

これがうまくいけば、日本企業の再成長がそこかしこで始まるのではないか、ということです。

各企業から開示された初年度の人的資本情報は不足だらけ

前節で確認したとおり、日本の上場企業に対する有価証券報告書における人的資本開示が法令で定められました。

ここで確認したいのが**国際的に見てもかなり厳密なものが要求されている**という点です。ある面でいえば、それは欧米よりもレベルの高いものとなっています。

欧米の開示義務は数値の開示が中心です。

ところが日本では、数値的な指標だけでなく、戦略と目標の記載も求められます。そこに困難さがあるのです。

たとえば「女性管理職比率」ひとつとってみても、「指標の開示」と「戦略・指標・目標の開示」では内容の質がまったく異なります。

「指標の開示」であれば、現状の数値を開示すれば済みます。

ところが「戦略」ということになると、「現状の課題を私たちはこう捉えており、課題を克服するためにこのような打ち手を行います」といった定性的な表現も必要になる。

しかもそれらを、分析ツールなどを使って可視化し、机上の空論ではないことを見せる必要も出てくる。

そしてそのような目標を、「2030年までに○%アップさせます」といった具合に、目標年と目標数値の両方で示さなければならないのです。

これはハードルが高すぎました。

本来であれば人的資本情報は、企業が競争力を高め、競合優位性を構築するための「中核要素」になります。経営の中核要素が表出するはずのものです。

しかし、あまりにも準備期間が短かったためか、実際の開示は、結果的に「出しやすい情報」だけが公開されるという「中身のない開示の連鎖」になってしまいました。

「出しやすいデータ」とは、たとえば女性活躍推進法で義務づけられ、開示義務化が始まった「女性管理職比率」や「男性育休取得率」「男女賃金格差」などになります。

それらはまだすぐに出せる。でも、そのほか「社内環境整備方針」や「人材育成方針」のデータ、目標、戦略については、開示の準備があまりにも大変だったため、法律上の開示義務が発生しているのにもかかわらず、多くの企業で開示が見送られたのです。

そのため、**巷に広まっている人的資本情報の多くは、「その企業の人材戦略の実態がよくわからないもの」や「とりあえず見栄えがする『お化粧』的な情報」にとどまってしまっています。本当にもったいない**と思います。

開示までの時間のなさはこのように多くの不足を生み出したのです。

とはいえ、一方でいわゆる「エクセレントカンパニー」と呼ばれる大企業は実際にデータを膨大にとって、課題意識を持って対策を立てて対応しています。

課題解消に向けて「ここに人手が足りない」「こういう能力は伸ばす必要がある」といったことを踏まえて施策を練り、実行しているのです。

よい人的資本開示とは？2300社近い事例から導き出した5つの開示レベル

それでは、よい人的資本開示とはどのようなものを言うのでしょうか。

本節からはその議論をしていきましょう。

人的資本の開示は、当然ながら、その内実と開示される情報が一致している必要があります。

端的にいえば、それは、**経営戦略と人事戦略が連動している状態であり、その企業の魅力、ユニークネス、企業価値の伸びしろを表すもの**です。

これらを満たした開示例は、どれくらいあるのでしょうか。

私を中心としたボランティアスタッフは、開示初年度となる2023年度の有価証券報告書のおよそ2300件の開示情報すべてを読み込み、プライム以外のスタンダードやグロース市場も対象に、ほかに類を見ない調査を行いました。この当時、このような大量調査をやり切ったのは、われわれだけでした。

そして、それらを独自の指標で5段階に格付けしました。

各段階の方針は図4-2のとおりです。

図4-2　2024年度有報評価 格付け方針

調査対象：3月末決算企業の2295社でほぼ人的資本開示2回目企業（新規上場や上場廃止企業も存在）

開示 レベル5	【卓越】日本トップレベル。経営戦略、財務目標、中計と人的資本投資が連動して記載されている。**企業価値向上に資する自社固有の独自指標が開示、目標設定されている**か、課題が設定されている。ダイバーシティやエンゲージメントスコアに類するものが豊富に開示されている。**非常にユニークネスを感じる**。
レベル4	【優良】他社が開示から学べる水準。文章内に自社固有の記載がある。独自指標で目標が設定、解説されている。ダイバーシティやエンゲージメントスコアに類するものが豊富に開示・解説されている。**自社固有のストーリーを反映した図表**と数値目標が併記されている。
レベル3	【良好】人的資本開示に何らかの工夫がされている。**わかりやすい図表はあるが、"強い"独自性は感じない。文章内に自社固有の記載がある**。独自指標の目標や解説がある。
レベル2	【要改善】あまり開示に熱心ではなく、**自社固有の記載や指標の解説も少ない**。独自指標の目標を設定していることがある（**研修投資・エンゲージメントスコアに類するもの・従業員満足度調査など**）。
レベル1	【不十分】開示に熱心ではない。**自社固有の記載が少ない**。目標が不明確または欠如している。目標があっても女活法関連、有休消化率などの比較可能な目標のみが設定されており、人的資本開示の要件を満たしていない。

（注）田中弦および、ボランティアグループの基準

開示レベル1【不十分】レベル

最下位のレベル1は、法で求められた要件を満たしていない開示です。**自社固有の記載が少ない**。目標が不明確または欠如している。つまり開示に熱心でない。

しかもそれらは、仮に目標があったとしても女性活躍推進法関連だけだったり、有休消化率などの比較可能な目標のみが設定されているだけだったりで、人的資本開示の要件とはほど遠いものばかりです。

私から言わせれば、**開示レベル1の企業は、「わが社は人に対して興味がない」と公式な開示文書で宣言しているに等しい状況**にあります。

それは、**企業ブランドの毀損**です。

これを読んだ社員は、そのガッカリ感からエンゲージメントを低下させるかもしれません。また、開示レベル1の開示は、採用候補者への情報提供量も少ない傾向にあります。そのため、**採用にあまり熱心でないようにも見られてしまう**でしょう。

開示レベル2【要改善】レベル

あまり開示に熱心ではなく、**自社固有の記載や指標の解説も少ない**。独自指標の目標を設定していることがある**（研修投資・エンゲージメントスコアに類するもの・従業員満足度調査など）**程度のランクです。

ちなみに、開示レベル2までの報告書には、ほとんどのケースで「これはコピペだな」と見破ることができる内容が含まれています。「人材は競争力の源泉である重要なものだ」と宣言しておきながら、まったく独自性が感じられない内容が続くためです。

人事戦略は、個社個別の特徴が出るものです。

しかし、レベル2では、独自指標の目標を設定することはあっても、ほとんどのケースが数値を「開示した」だけで終わっており、開示理由や目標に対する打ち手が語られることはありません。

開示レベル３【良好】レベル

人的資本開示に何らかの工夫がされている。**わかりやすい図表もある。文章内に自社固有の記載もある。**独自指標の目標や解説もあるが、**他方で「強い独自性」は感じない。開示レベル３でようやく、法に定められた要件を満たすレベルに到達**します。

開示レベル４【優良】レベル

開示内容が優れていて、他社はそこからいろいろ学ぶことができます。文章内に自社固有の記載もあり、独自指標にもとづく目標も設定され、解説も付されています。また、ダイバーシティやエンゲージメントスコアに類するものが豊富に開示・解説されてもいます。**自社固有のストーリーを反映した図表と数値目標が併記されているような開示レベル**です。

開示レベル５【卓越】レベル

このレベルの企業は、**日本トップレベルの開示**を行っています。

経営戦略、財務目標、中期経営計画と人的資本投資が連動して記載されています。**企業価値向上に資する自社固有の独自指標が開示され、目標も設定**されていて、課題も設定されています。そして、ダイバーシティやエンゲージメントスコアに類するものが豊富に開示されており、しかもそこにユニークネスを感じさせるものがあります。**世界的に見ても突出している情報開示**になります。

さて、この5段階レベルの指標にもとづく格付けを開示初年度の開示情報に行った結果は、どうなったでしょうか。

55%、なんと半数以上の企業が開示レベル1にとどまりました。

ハッキリ言って、これらの企業は「ダメな報告」レベルです。投資家から、「この企業は『人』に興味がないのかな?」と思われても仕方がありません。

「時間が足りなかった」という制約も現実的にありましたが、消極的に様子見をした企業も多かったようです。

法で定められた要件に達することができなかったという現実は、有価証券報告書という開示文書を軽んじているか、法改正に気づいていないか、どちらかであると思います。非常に残念な結果となりました。

「人材は重要だ、競争力の源泉だ」といった枕詞を報告書などに記述しながらも、その実態はほとんど明かさない。こういった企業が過半数だったのです。

一方で、人的資本開示に何らかの工夫があった、開示レベル3以上の企業は22%でした。「とりあえず何か開示しなきゃ」といった付け焼き刃的な対応では「ない」企業は、わずかに4社に1社にも満たなかったということです。

続く開示2年目の調査、その結果は？

正直、初年度の開示状況は厳しいものでした。

では、翌2024年6月末・3月末決算の企業約2300社の有価証券報告書の開示状況はどうだったのでしょうか。

2年目ともなると、さすがに「時間がなかった」は言い訳には使えません。また、この年には、多くの人的資本経営や開示関連の書籍、解説も登場しています。「経験のなさや情報のなさ」も言い訳には使えないでしょう。

では、同じ格付け基準で比較した調査結果を見てみましょう。

次ページの図4-3を見てください。

結果としては、開示レベル1は10％改善しています（**依然として45％は「開示レベル1」にとどまりましたが……**）。

図4-3　開示レベル別割合の対前年度比較

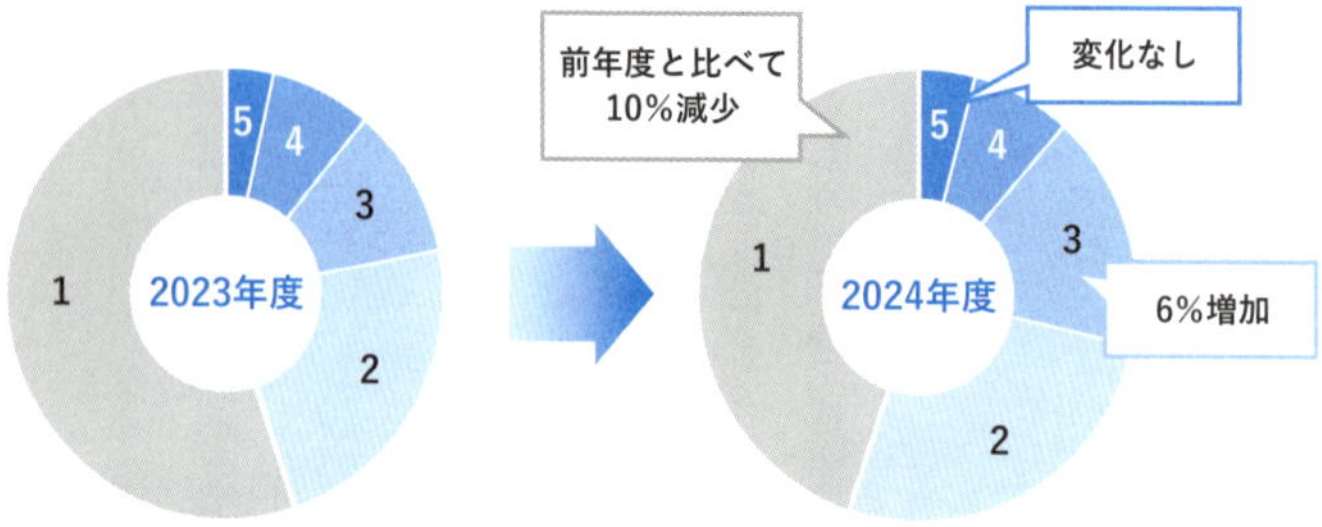

全体の開示レベル平均は1・78から1・98へと改善しました。ただ、これは、まだまだ開示要件を満たしていない企業が多いという結果だとも言えます。

みなさんは、この結果をどのように感じますか？

法律の改正がなされ、人手不足時代の到来もこれだけ騒がれるようになったにもかかわらずこの結果ですから、私としては**『人材が大切だ』と散々言っておきながら、多くの企業が「人材に興味がないんだな」**と思わざるを得ません。

具体的に格付け「1」の企業の開示例を見てみましょう（ここでは、企業の特定を避けるために、実際の事例をもとに表現を変えた開示例を作成しています）。

図4-4の事例をご覧ください。

これは「時間がなかった」というより「やる気・興味がなかった」と判断されても仕方ないレベルかな、と思います。法令で求められていたものを完全に無視してい

図4-4　開示レベル1企業の開示例（実際の事例をもとに作成）

人的資本経営への言及なし

重要視しているならば開示しましょう

（2）人的資本
当社は、人材の育成・定着や、健康・安全管理が持続可能な経営基盤を支えるということを重要視しています。今後、さらなる改善を行ってまいります。

目標を定めていない①

女性管理職を登用していたらOKではありません

（4）指標及び目標
サステナビリティ関連のリスク及び機会に関して、当グループの実績を長期的に評価・監視するために用いられる情報のうち重要なものとして、**該当事項はありません。**
また、人材の育成に関する方針に関しましては、女性管理職の登用を行っており、**現段階では今後の具体的な指標や目標を定めていないため記載しておりません。**必要な指標につきましては、今後も検討してまいります。

目標を定めていない②

開示義務があります

（4）指標及び目標
当社は、サステナビリティ関連の具体的な指標及び目標について定めておらず、今後その対応を含めた開示をするべく、検討を進めていきます。

ます。

施行2年目にもかかわらず、上場企業の45・4%が、これと似たり寄ったりのレベルの開示で「よし」としています。

私は危機感を感じざるを得ません。

次に、これを業種別に見てみましょう。

ここで比較する数値は、各業種で人的資本開示を行った企業の平均スコアになります。

トップ3は保険業、銀行業、空運業となりました。このうち、保険業と銀行業は、まさに「人が命」の産業と言えます。

私が個人的に注目したのは、銀行

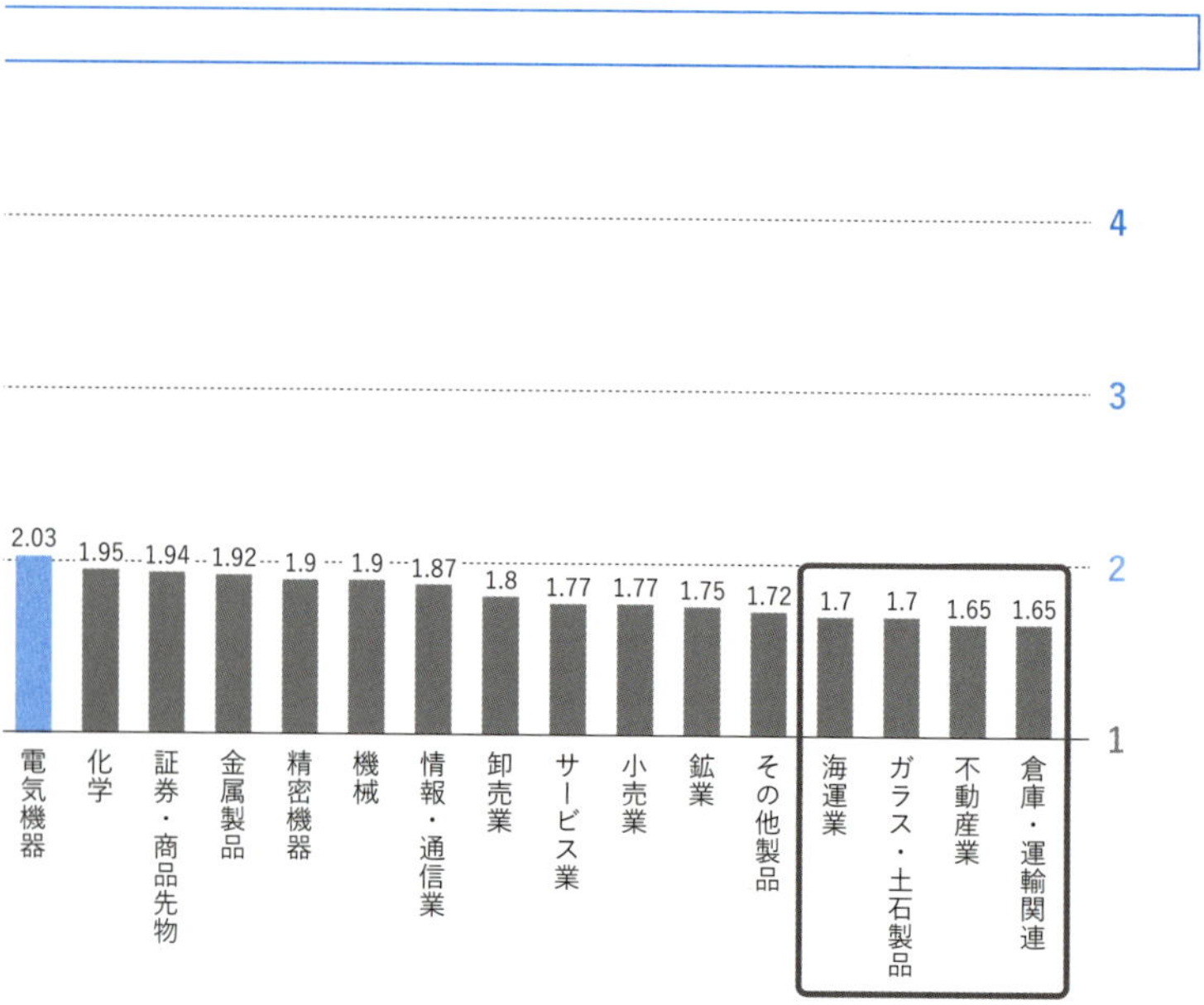

のなかでも多くを占める「地方銀行」の開示レベルの高さです。

地方は、少子高齢化にともなう人口減少の課題がより緊迫しています。

また、地方銀行の多くは本来の銀行業とは異なる業界とのM&Aを模索し、事業継承のスキル人材を切実に求めています。

まさに、人的資本投資が必要なのです。

その切迫感が開示レベルの高さに反映されているのかもしれません。

一方、ワースト3は、倉庫・運輸関連、不動産業、同率でガラス・土石製品と海運業となりました。

これらは、倉庫や土地や鉱山など

図4-5　業界別開示レベル平均

業界別トップ3は「保険業」「銀行業」「空運業」
ワースト3は「倉庫・運輸関連」「不動産業」「ガラス・土石製品」「海運業」

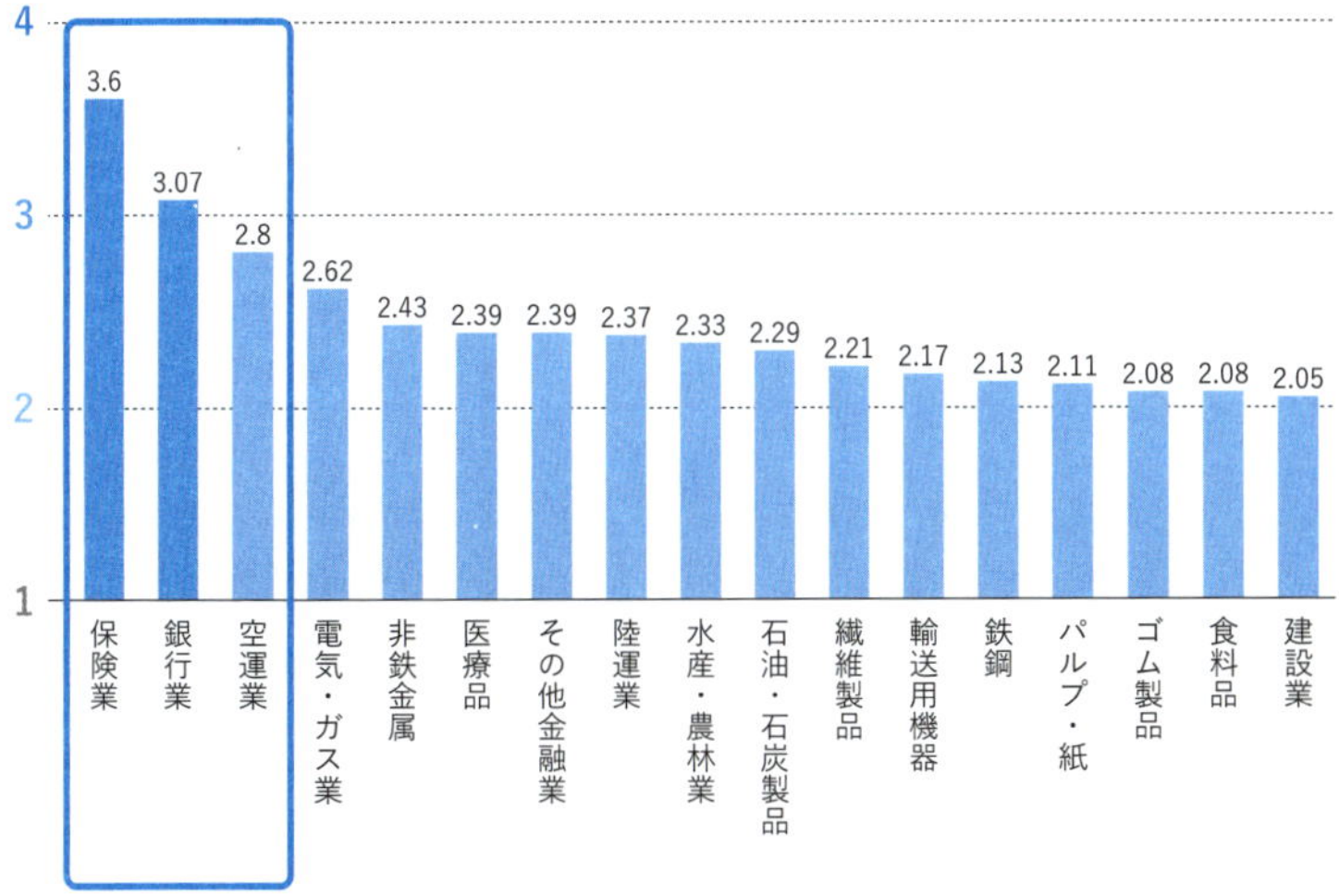

の固定資産が富を生む、といった状況になりやすい産業と言えます。

もちろん、だからといってそれらの業種が人を大切にする視点を疎《おろそ》かにしている、とは思いません。人的資本経営への取り組みは、このような産業にも必須となることはここで明言しておきます。

さらに、これは私の仮説ですが、このランキングの順位には、**非正規雇用者が多い業界か／少ない業界かということも影響している**と見ています。

たとえば「サービス業」と「小売業」も、ランキングとしてはかなり低いですが、両者は非正規雇用が多い傾向にあります（図4–6のグラフを参照のこと）。

極端な言い方をすれば「いつでも人員削減ができる」社員の割合が多い業界です。人件費のコントロールがしやすい。

そういう業界は、人的資本開示もレベルが低い傾向にあります。

この意味では「卸売業」も非正規雇用が多く、同じことが言えます。

このような結果を見ると、**「人を大切に！」と謳う経営の「人」のなかで、非正規雇用の方々がどれだけ考慮されているのか**、と不安を覚えます。

続いて、「女性管理職比率」と「エンゲージメントスコア」の開示について見てみましょう。

比率自体は、女性活躍推進法の施行という背景もあり、ほとんどの企業が開示していました。しかし、女性管理職比率の目標開示率は74％にとどまり、エンゲージメントスコアの開示についても開示率15％にとどまっていました。

この15％には、エンゲージメントスコアとは厳密には異なるはずの「従業員満足度調査」を開示した企業も含まれています。

ですから、エンゲージメントスコアを開示している企業は、実際にはもっと少ないということになります。

図4-6　正社員・正社員以外別労働者割合（産業別）（2018年）

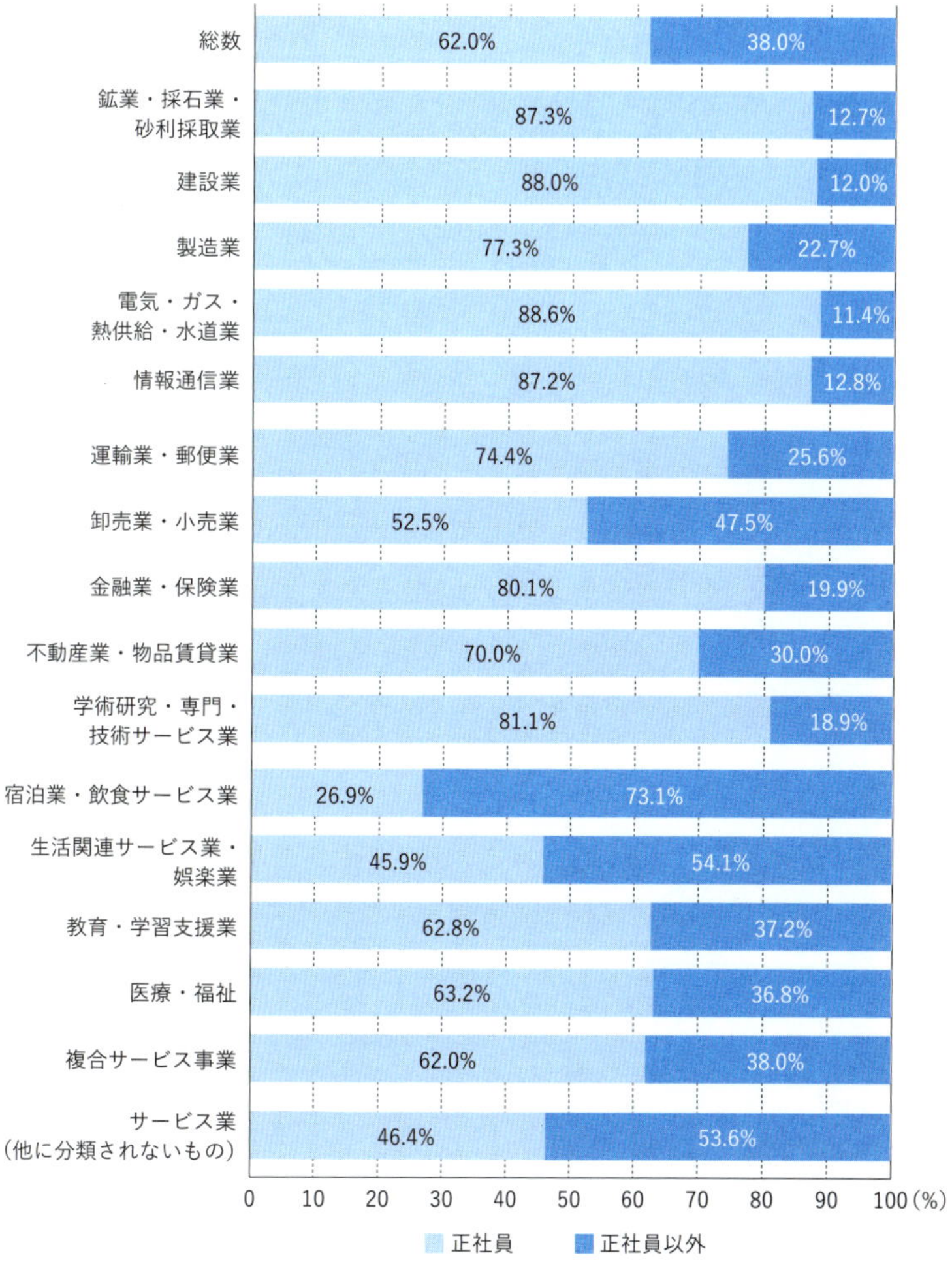

（出所）厚生労働省「雇用の構造に関する実態調査（若年者雇用実態調査）」より作成
https://www.mhlw.go.jp/toukei/list/4-21.html

従業員の状況を表すのに、ごく一般的な指標であっても、この程度しか開示されていないのです。

なお、従業員満足度とエンゲージメントの違いがよくわからないという方向けに、注釈を入れます。従業員満足度は、従業員が企業や仕事に対して「一方向的」に感じている満足度を示すもの。これに対してエンゲージメントは、従業員と組織の「双方向的」な結びつきを示すものです。

このように、2つの概念はまったく違うものです。ここでは簡単な説明にとどめますが、気になる人は、ぜひ詳細を調べてみてください。

次に、市場別に2024年度の開示レベル別の企業数を図示してみました。

図4-7からは、格付け「5」がプライム市場に集中していること、プライム市場でもレベル1や2の企業が600社弱あること、スタンダード市場においては格付け「1」が圧倒していることがわかります。

格付け「1」は法で定められた要件を満たしていませんから、少なくとも格付け「3」を目指してもらいたいところです。

プライム市場はレベル1が比較的少ないため、これを見ると「さすがプライム市場」といった感じもしますが、そのプライム市場であってもレベル1の企業が273社もあるの

図4-7　市場別開示レベルの社数比較

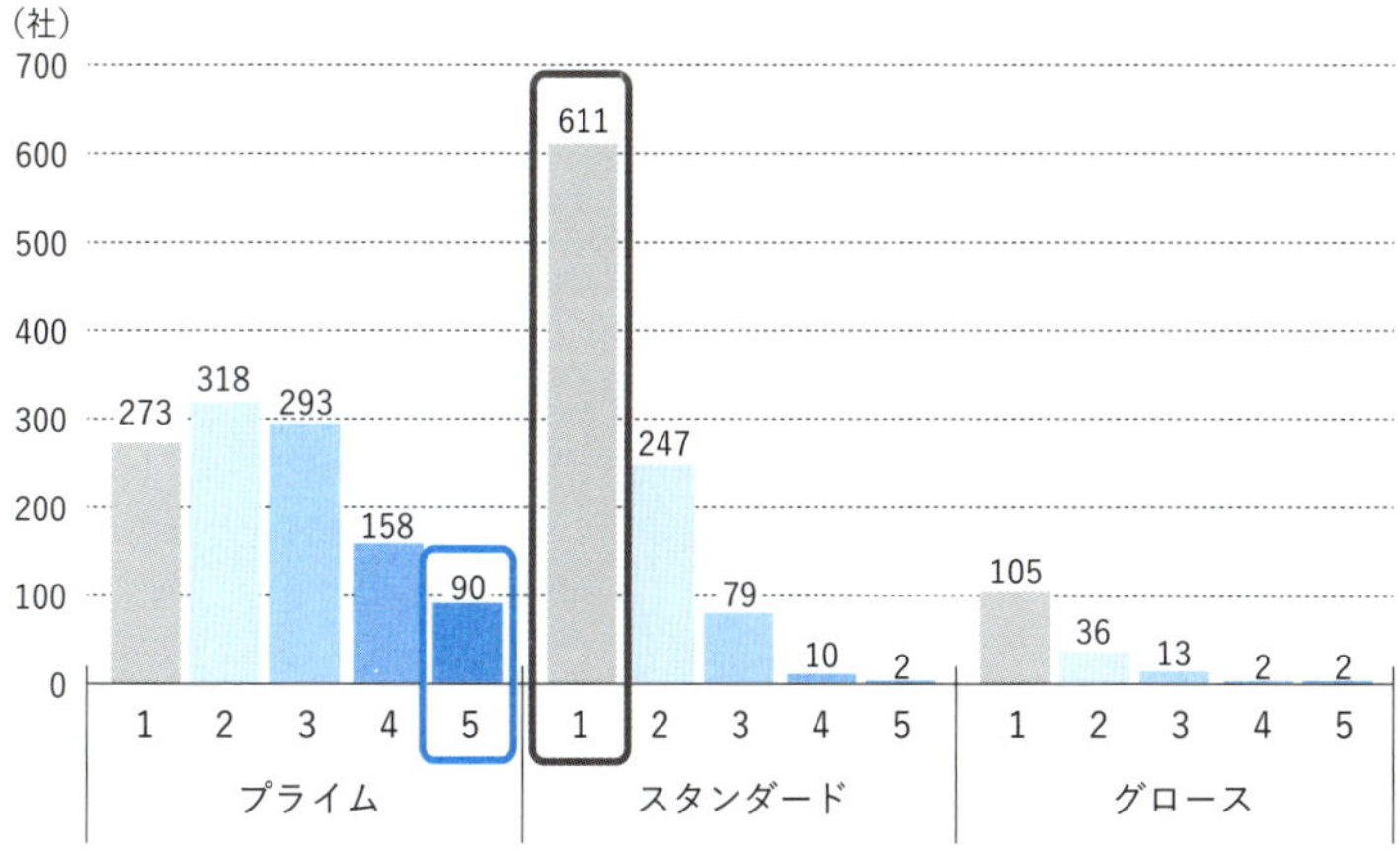

です。

社会的責任が大きく、ずっと以前からコーポレートガバナンス・コードなどで開示が要請されているにもかかわらず、です。

この現況を見ると、企業側の認識のアップデートの必要性を痛感します。

とくに、今後大幅に人手不足になっていく業界（サービス業や小売業など）の企業の危機意識のなさには、怖さすら感じます。

第　章

人的資本経営の軸となる「集団の力」と「カルチャー」

第4章で確認したとおり、現在の日本の人的資本開示状況には厳しいものがあります。

では、これを踏まえたうえで、私たちはどのように経営を改めていけばいいのでしょうか。

本章では、**人的資本経営に近づけていくための具体的な考え方**を、事例の紹介とともに解説します。

人手不足時代を迎えるいま、必要なのは「集団の力」

これまで、人口減による社会全体の人手不足を解消することの困難さに言及してきました。たしかに「社会全体」なら、それは難しい。しかし、「各企業単位」であれば人手不足の課題解消は、やりようによっては可能です。

その処方箋を示すことが、本書のテーマのひとつでもあります。

結論から言いましょう。

困難を克服するには、**「個人」と「集団」の2つに同時に投資を行う**ことが必要です。

より正確な表現を用いれば、それは、**「人間の創造性」と「集団の力」の2つの伸びし**

ろを活かすことで、人的資本経営が中身のあるものになり、それが企業の人手不足を解消する、ということを意味します。

経営学者・島貫智行氏が、この点について示唆的なことを述べています。

「人的資本経営」で重要なのは、従業員個人の人的資本を起点として、企業の組織的人的資本を創出し、それを顧客価値として提供し収益を上げ、その結果として投資家から評価されて企業価値が高まり、そして、それが人的資本に影響するという一連のサイクルである。(1)

これを、わかりやすく表してみましょう。

①個人の人的資本を伸ばす
↓
②同時に組織的人的資本を生み出す
↓
③それらによってより優れた顧客価値を提供する
↓
④収益が上がり投資家の評価や企業価値が高まる
↓
⑤それによって得られたベネフィットを①②に還元

※以下、①〜⑤のサイクルのくり返し

このサイクルのキーワードは**「組織的人的資本」**です。

私はこれを、**自社独自の「個人の力を最大限に発揮して生まれる共創力」**と**「競合優位性を生むための競争力」を合わせたもの**と定義しています。

前者は個人の主体性や意欲を高め、周囲とともに創造的な営みを行う力のこと。そして後者は、競合他社よりも優位に立てる強さ、競争に勝てる力のことです。それを合わせた**「組織的人的資本」とはいわば、個人個人の人的資本が結びついて生まれる組織的な総合力**のようなものです。

そして、前ページのサイクルのなかでも重要なのが、①と②になります。

そのうえで、島貫氏の指摘にもあるとおり、あくまでも起点は「①個人の人的資本を伸ばす」ところにあります。その焦点となるのが「人間の創造性」です。これについてはのちほど詳述します。

注意したいのは、**個人個人が人的資本をバラバラに発揮するだけでは経営目標の達成や持続的な価値創造・競争力の獲得にはつながらない**という点です。

個の力を有機的につないで活かし、まとめあげる「組織的人的資本」がなければ、人的資本経営はうまく機能しません。

人的資本経営の実践において大切なのは、次の4つのステップです。

(1)社員一人ひとりの人的資本への投資＝「人的資本投資」を起点とし、
(2)投資から生まれる行動と結果を表出させ、
(3)得られたノウハウや知識をみなで共有し、組織学習を行い、
(4)最終的に人的資本投資を「組織的人的資本≒みなの共創力と企業の競争力」に反映し高める

つまり、**人的資本を「個人単位」と「組織単位」で見て、両者を追求していく必要がある**のです。

ただし、「組織単位で見ていく」といっても、たとえば「集合研修を行って全員のTOEICの点数を上げる」とか、「一斉研修でリスキリングする」といった横一列的なスキルへの投資だけでは足りません。

では、組織的人的資本を生み出すには、どのような施策が有効なのでしょうか。

私は**「健全なカルチャー」の創出が不可欠**だと考えています。

少し抽象的な話が続きましたので、次節で例を挙げながら解説します。

人的資本への投資を組織の力に結実させる

図5−1を参照してください。

たとえば、ある社員が「この会社は今後の成長のためにも、海外のマーケットに参入すべきだ。そのために私はビジネス英語を身につけなければならない」という意思を持っていたとします。

その意思は企業の命令によって生まれたものではなく、**純粋に「個人の発露」**であり、自らの今後のキャリアを開発する**「キャリア自律」**とも呼べるものです。

このような社員の意思に触れて、会社はどのように振る舞うべきでしょうか。

従来であれば、そこから先は個人の努力に任せて、会社としてはサポートしないといった判断がなされていたかもしれません。

ですが、**人的資本に投資しようと発想するなら、「会社として」その社員に英語学習の機会や金銭的なサポートを与えるべき**です（もちろん会社は、それが経営戦略に合致しているかを常に意識する必要もあります）。

図5-1　個人の人的資本が組織的人的資本に結実するサイクル

これが、個人の人的資本への投資になります。

ただし、先にも述べたとおり、人的資本投資は、「全員がTOEICで高得点をとれ！」といった一律なものではありません。いっせいに研修などで英語学習の機会を与えるというものでもありません。

いっせいに英語学習をしたとして、はたして何割の社員が実践的な行動に結びついた仕事をできるようになるのでしょうか。おそらく、そういったやり方では、競争優位性には結びつきません。

あくまでも個人の内発的動機をトリガーにして、個人に対する投資として行うべきです。

具体的には、ビジネス英語に限らず、**会社は、各人が伸ばしたいと思っているスキルをその社員が学びやすいように「個別に」サポートする**ということになります。

たとえ話の続きをしましょう。

では、仮に先の社員が英語力を伸ばし、そのスキルを活かして外国企業との商談を行ったとします。そして見事、受注まで勝ち取りました。

また、その営業プロセスを通じて、外国企業と商談するときにつまずきやすいポイントやキーマンに関する情報、契約書で交渉が必要なポイントなどを、その社員がさまざまな知恵やノウハウとして獲得できたとします。

まずは**個人のスキルが組織的な利益＝受注に結びついた**わけです。

ただし、これだけでは組織的人的資本が蓄積され競争優位性に結びついた、と見なすことはできません。

では、ここから何をすべきか？

それは、**その社員が獲得した知恵やノウハウを社内で共有する**ことです。

すると、ほかの社員の人的資本を伸ばすことにもつながり、結果、会社全体の競争力も高まります。

要するに、**身につけたスキルを活用してその社員が起こした「行動」によって得られた知恵やノウハウ――つまり個人の人的資本を、組織的人的資本に「転換」すべき**だということです。

この「行動」と「転換」がたくさん起これば、企業の競争力は高まります。「組織的人的資本」とはこのようなものです。


先のたとえ話でいうと、もっと会社にできることがあります。

それは、ひとりの社員の人的資本を、先述の商談のような具体的な仕事（＝アクション）につなげられるようサポートすることです。

わかりやすいのは、英語力を磨いたその社員を外国企業などに向けた商談の場に立たせる機会を積極的につくることなどです。

さらに、会社はそういった**サポート体制と、それを促すための制度、制度がうまく回っているかを測るKPI**などをつくるべきです。あとで紹介する「**手挙げしている社員の数**」や「**挑戦制度**」などがその好例になります。

「健全なカルチャー」が人的資本を組織的人的資本に変える

とはいっても、「制度やKPIをつくれば、社員が勝手にアクションを起こすようになる」といった単純な話ではないところが、人的資本経営の難しいところです。

制度を設けただけで、自身が磨いた人的資本をアクション（行動）に移しはじめる社員というのはまれです。

制度とアクションの間には壁があります。

それに加えて、仮にその社員がアクションを起こして知恵やノウハウを得たとしても、それを**「みんなの知恵やノウハウ」に「転換」するところにも壁があります。**

137ページで紹介した図5-1の「断絶」と書いてある部分が、それにあたります。

「転換」とは、たとえば「暗黙知（＝従業員それぞれが個人的に持つ、言語化されていない知識）」を「形式知（＝他者が使いこなせるレベルの文章やマニュアルなど）」に変えることをいいます。

部署ごとや会社全体で共有できるマニュアルはその典型例ですが、しかし、マニュアルがあれば大丈夫かというと、あまり活用されないということがよく起こります。それが具体的な「壁」です。

では、これらの壁を打破する方法はないのでしょうか？

あります。

それこそが**「健全なカルチャー」**です。

健全なカルチャーは、制度を社員のアクションに結びつける、あるいは、個人の人的資本を組織的人的資本に結実させる際の「懸け橋」になります。

概念的な説明ではわかりにくいと思うので、ここで「健全なカルチャー」を2つの必須要素に分けて解説します。

要素のひとつは、個人個人が「よい行動」を自主的に行い、それが社内に共有される文化です。

そしてもうひとつは、「個人やチーム間の結びつきが強固であること」です。

まず、ひとつめの「個人個人が『よい行動』を自主的に行い、それが社内に共有される文化」について解説します。

どの会社にも「こういった行動は、うちっぽいよね」という行動があると思います。そのなかでも社内で好意的に受け止められるものがどんどん促進されるような文化が「健全

図5-2 「健全なカルチャー」がある組織のサイクル

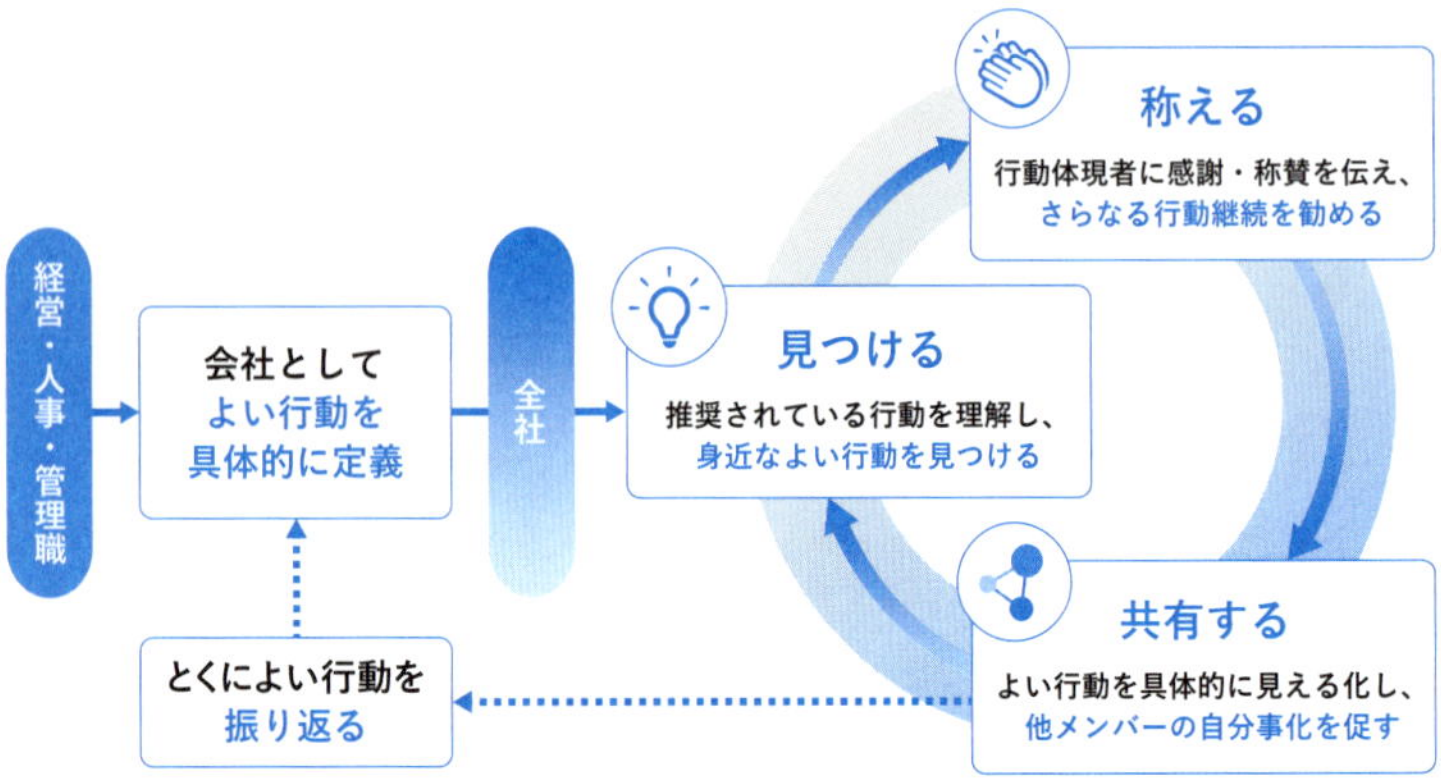

なカルチャー」です。

もちろんそこには、どこの会社にも必要な普遍的な要素も存在します。社員のチャレンジを積極的に後押しし、かつ、そのアクションがきちんと上司や同僚に発見され、みなから称えられ、部署を超えて社内で共有される文化はその一例です。

みなさんの会社でも、称賛すべき行動は日々たくさん生じていることでしょう。

ところが、まわりでどんなよい行動が起きているのかをほとんど知らない、といったことが往々にしてあります。

これでは、個人の人的資本を起点とした行動が、組織的人的資本に転換するはずがありません。

「健全なカルチャー」とは、図5-2にあるようなサイクルが常に回っている環境のことを言います。

そして、2つめの必須要素が「個人やチーム間の結びつきが強固であること」です。

こう書くと、「なんだ、そんなの当たり前じゃないか」と思われるかもしれません。

ですが、**大事なのはその「質」**です。

ここで言う「個人やチーム間の結びつき」とは、端的にいえば高い心理的安全性によってつながっている・まとまっている人間関係のことです。

「心理的安全性」については、拙著から定義を引用します。


「心理的安全性」とは何か。端的にいえば、それは「自分の考えや意見などを組織のメンバーの誰とでも率直に言い合える状態」ということになります。(2)


これは、「仲良しのチーム」や「ぬるいチーム」とは違います。

たとえば、上司の顔色を気にして本音が言えないとか、同僚に嫌われるのが怖くて単刀直入に反論できないとか、叱責が怖くて失敗の報告をしにくい、といったことがしばしば起こります。

しかし、心理的安全性が高い組織には、そういったことを**誰にでも言える「安心感」**があります。

たとえば、「こんなことに挑戦してみたいのですが……」「こんなことを学んでみたいのですが……」といった個人の内発的動機にもとづくスキル開発についての発言を発しやすい環境があるのです。

私は心理的安全性を高めるために数多くの企業をサポートしてきました。

そこで痛感したのが、**心理的安全性が高まると、コミュニケーションが格段に増え、挑戦が増え、情報の共有がより丁寧に、しっかり行われるようになる**ということです。

仕事上の知恵やノウハウがしっかり共有され、個人のノウハウが「みんなのノウハウ」になる。そして結果として、人的資本を組織的人的資本に転換する契機が増えるのです。

このような**「高い心理的安全性に支えられたつながり」を、個人間、チーム間に培っていくことで、その組織に健全なカルチャーが育ちます**。

この〝土台〟がなければ、せっかくの人的資本も活用することができません。

以上が「健全なカルチャー」の必須要素です。

再度の確認になりますが、個人の人的資本をバラバラに開発しても、組織的な強さ、企業の共創力や競争力にはうまく結実しません。サステナブルな企業の成長を実現するために、組織的人的資本を伸ばす必要があります。

そして、KPIやKGIなどの指標（詳しくは後述）を使い、経営会議や人材戦略会議などでトラッキングしながら施策を改善していく。そういった一連のプロセスが、人的資本経営に求められるのです。

ぜひ、読者のみなさんにはさまざまな事例や情報に触れ、「健全なカルチャー」を意識した組織運営に励まれることを望みます。

「戦略」よりも「人」が重要な時代が到来している

先述した経営学者・島貫氏は、『人的資本経営』で重要なのは、従業員個人の人的資本を起点として、企業の組織的人的資本を創出することである」とも述べています。

くどいようですが、何度でも確認してほしいのが、**「組織的人的資本」が大事だといっても、起点となるのはあくまでも「個人の人的資本」のほうだ**という点です。**発火点は、あくまでも「人」**です。

そして、**人的資本経営にとって肝となる戦略が、人事戦略**です。

多くの経営者は、人事戦略の大切さを知っています。

だから、人事戦略を経営戦略の基軸に置いている企業は少なくありません。そして先進的な企業は、法整備がなされるかなされないかとは関係なく、すでに優れた人事戦略を実践しています。

たとえば、大阪の町工場からグローバルナンバーワンの空調メーカーとなったダイキン工業。同社の井上礼之名誉会長は「取り巻く環境が変われば一度出した決断でも柔軟に変えられる企業風土」をつくると宣言しています。また、**「一流の戦略と二流の実行力よりも、二流の戦略と一流の実行力」**のほうが大事だとも発言しています[3]。

不安定さが増す時代に必要な経営のあり方を、独自の視点でハッキリ述べていますね。

私なりにこれを意訳すれば、**「戦略も大切だが、たとえ戦略が二流であっても、実行力があって、戦略を実行する『人』が一流であるなら、そのほうがいい」**ということになります。

極論をいえば、**「戦略」よりも「人」**だ、と。

この趣旨をより深く理解していただくために、ひとつのエピソードを紹介します。

2023年12月11日、私は、レゾナック・ホールディングス（昭和電工と日立化成が合併して成立）がはじめて開催した「サステナビリティ説明会」に参加しました。

その冒頭、同社の髙橋秀仁社長のプレゼンテーションに度肝を抜かれました。

社長は「人的資本経営がなぜ注目されているのか」を語る文脈のなかで、大要、次のようなことを話されたのです。

戦略はコモディティで誰が作っても同じで、その戦略を遂行できる人材が育成されているかどうかが真の差別化要因。よって人材育成にCEOとして全てをかけたい。

「戦略は誰が作っても同じ」という発言は大胆です。

もちろんこれは、戦略を蔑ろにしていいという話ではありません。レゾナック・ホールディングスのポートフォリオ改革が明確で自信があるからこそ言えることなのだと思います。

戦略がコモディティ化しているかどうかも、企業ごとに異なっている可能性があるでしょう。

ですが、高橋社長の言うことには理があります。

とくにVUCAの時代、つまり不安定な時代においては、その時点で決まった戦略そのものよりも、次々と起こる事象に適応した戦略を生み出せる「人材」が重要であり、それ

図5-3　レゾナック・ホールディングスの企業価値向上の考え方

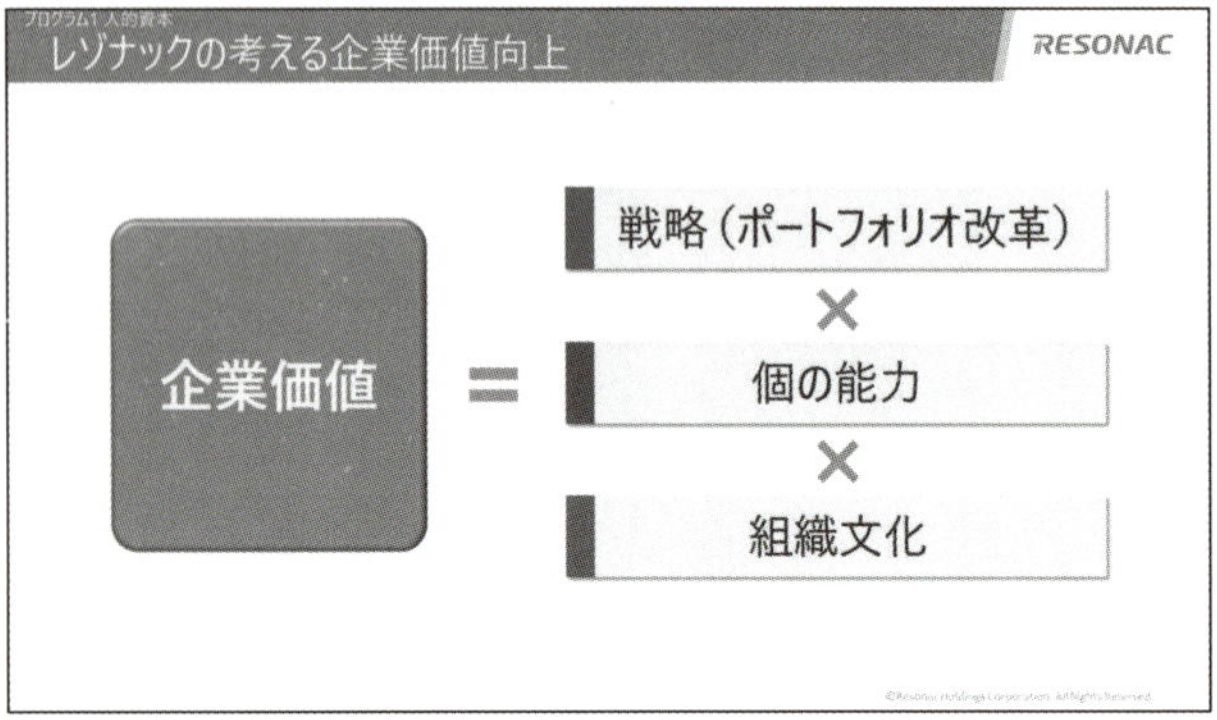

（出所）株式会社レゾナック・ホールディングス「レゾナック サステナビリティ説明会2023」
https://www.resonac.com/sites/default/files/2023-12/pdf-sustainability-meeting23.pdf

が差別化要因、つまり競争力の源、と言えるからです。

同社は「やり切る人材」というワードを掲げて人材育成に取り組んでいます。

加えて、髙橋社長はこう述べていました。

> 企業価値は戦略／ポートフォリオ改革と個の能力向上と組織文化のかけ算だと考えている。
>
> ポートフォリオ改革は明確で所与のものであることと、経営メンバー全員で対応している点を踏まえ、CEOとしては個の能力向上と企業文化の醸成に注力していく。

この言葉から、同社が、個人の人的資本を

企業価値につなげるうえで組織文化もまた重要であると認識していることがわかります。戦略と個の能力と組織文化がかけ合わせられることによって、強い競争力が生まれ、企業価値が向上していくのです。

個の能力だけでは、ダメなのです。

ダイキン工業やレゾナック・ホールディングスは、人的資本経営の先進的な実践企業であり、それによって大きな変化を起こしています。私は両企業の「人的資本開示」を読んだことがきっかけで、この視点の大切さを身をもって知りました。

第7章では詳細な事例紹介もしていきます。

第6章

人的資本経営を叶える5つのステップ

本章からいよいよ「人的資本経営」の実践編に関する話をしていきます。

みなさんの企業で、どのような手順で実施していけばいいのか、考えをめぐらせながら読み進めてください。

主なステップは次の5つです。

STEP① 理想・大義の設定
STEP② 課題の抽出
STEP③ アウトプット（課題を解くための施策・指標の設定）
STEP④ インプット・アクション（個人とカルチャー・集団への投資）
STEP⑤ アウトカム（実践、そして成果の確認）

一つひとつのステップについて解説する前に、まずはこれらのステップを踏んでいくうえで前提とすべき2点について解説します。

ひとつは、この5つのステップを踏まえることの意義について。そしてもうひとつは、5つのステップを実践するなかで生じがちな「3つのズレ」についてです。

いわば**実践の「肝」**ともいえる話になります。

2つの前提を踏まえたうえで、各ステップに進んでください。

5つのステップ＝「人的資本経営フレームワーク」を用いる意義とは？

あなたの会社で、人的資本経営の実現に向かって動き出すとします。

はじめに何から手をつけるべきか、話し合うところからスタートするでしょう。

多くの企業は、じつはここでつまずきます。

なぜなら、**「人的資本経営」について議論をするといっても、テーマが大きすぎるため、話が散らかりがちになる**からです。ある人が人事制度そのものの話をしているのに、それが突然のパーパス共感度の話になったり、早期退職制度の話になったり……。

一体全体どの話をしているのか、何から手をつけたらいいのか会議参加者もわからなくなってしまう……。

これを防ぐために、**人的資本経営の全体像を見渡せる〝地図〟が必要**だと考えて制作したのが、**「人的資本経営フレームワーク・バージョン1（田中弦モデル）」**です（ここでは「バージョン1」としていますが、あとで改良版「バージョン2」が出てきます）。

この「人的資本経営フレームワーク・バージョン1」には元ネタが2つあります。

ひとつが「国際統合報告フレームワーク」。

これはＩＩＲＣ（＝国際統合報告評議会。現在はサステナビリティ会計基準審議会であるＳＡＳＢと合併）が提唱しているもので、企業の統合報告書における情報開示の指針となるものです。企業の価値創造プロセスを、インプット、アクション、アウトカムで定義したもので、その形状から「オクトパスモデル」とも呼ばれています。

多くの日本企業の統合報告書はこのフレームワークをもとに作成されています。

そして、もうひとつの元ネタが「価値協創ガイダンス２・０」です。

価値共創ガイダンスは、企業と投資家との対話の質を高める手引きとして経済産業省から発行されています。

これらの２つに影響を受けながら、企業活動の目的やパーパスなどの中長期的な目的を実現するために編み出したのが「人的資本経営フレームワーク・バージョン１（田中弦モデル）」です。

とくに意識したのは、**分析した「現状」と目指すべき「理想」がかけ離れやすい（目標が絵に描いた餅になりやすい）といった落とし穴を未然に塞ぐ**ことです。それだけ、人的資本経営を実装するなかで両者のギャップが埋めがたいのです。

そして「バージョン１」を進化させたのが「人的資本経営フレームワーク・バージョン

図6-1 「国際統合報告フレームワーク」と「価値協創ガイダンス2.0」

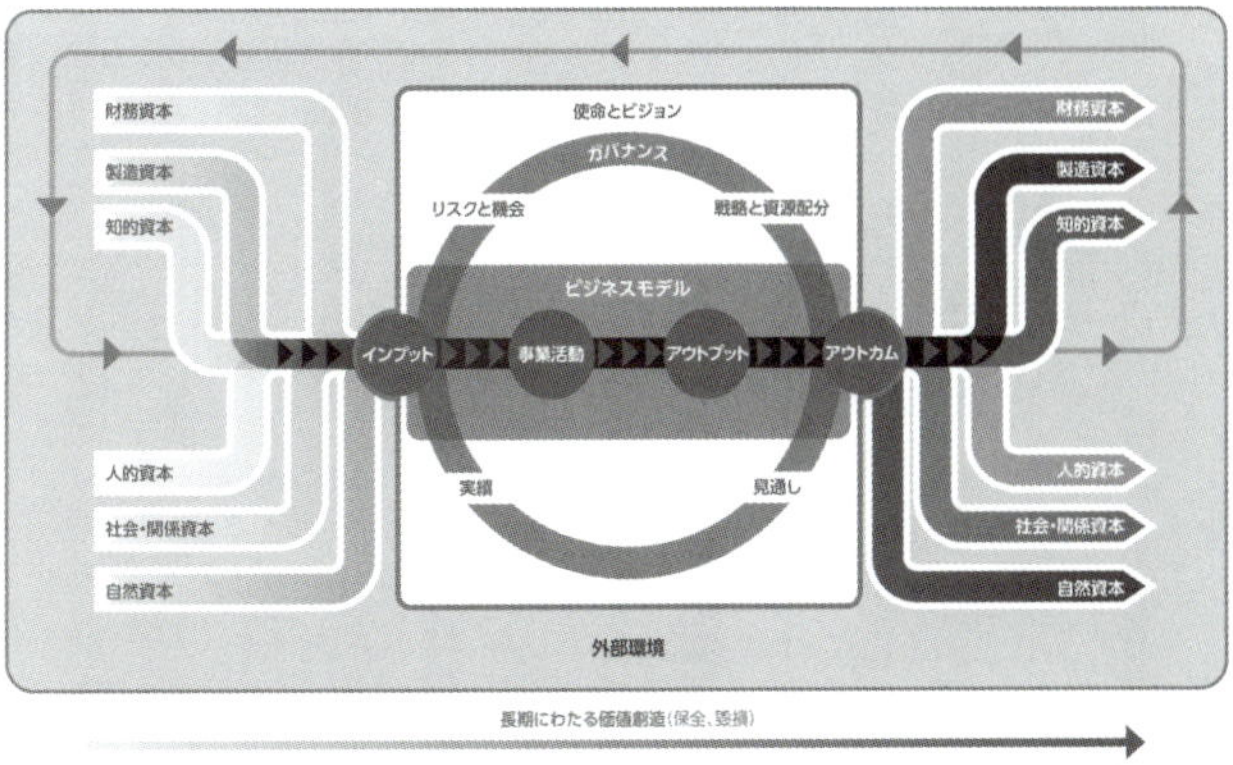

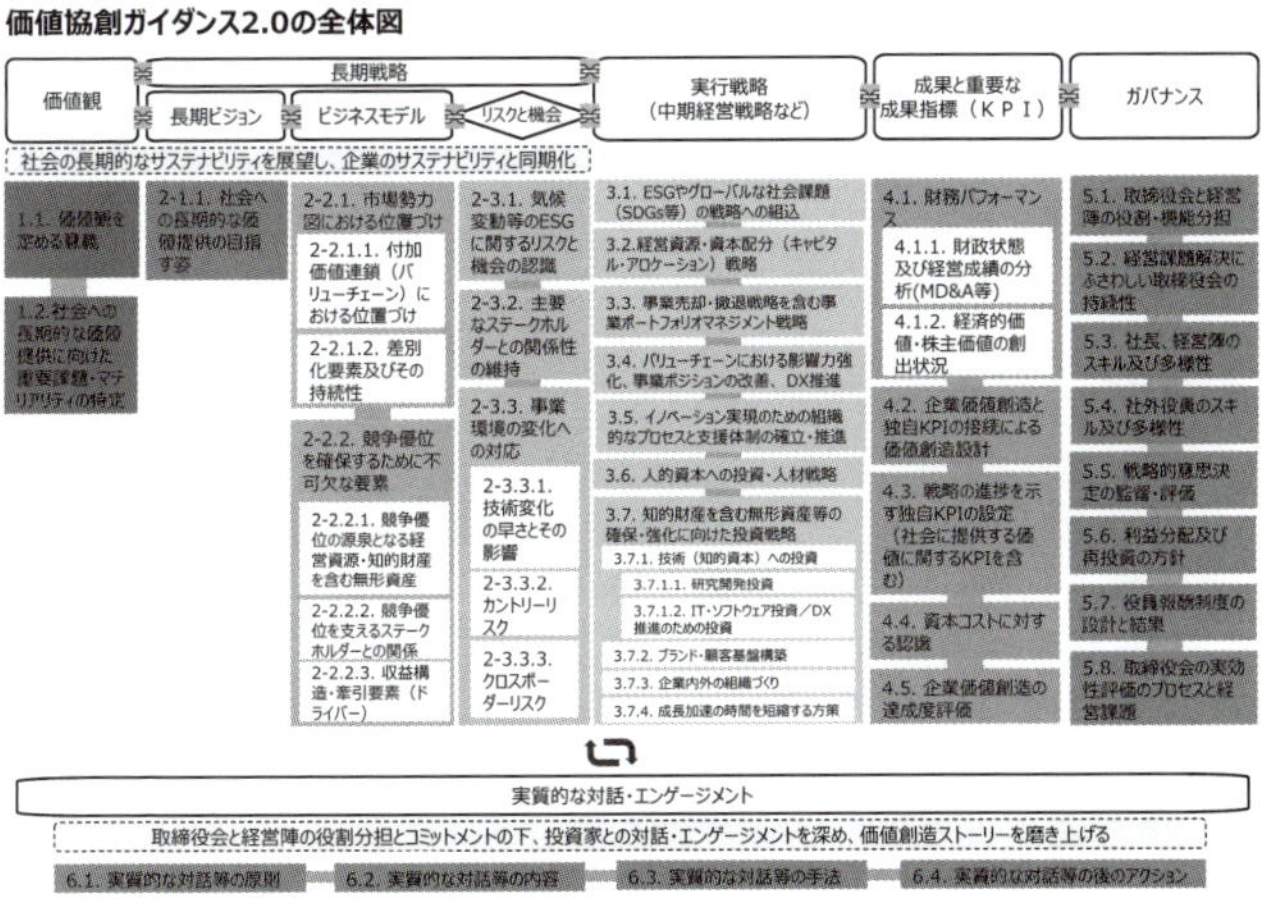

（出所）上：「国際統合報告 フレームワーク（The International <IR> Framework）」
https://integratedreporting.ifrs.org/wp-content/uploads/2015/03/International_IR_Framework_JP.pdf

下：「企業と投資家の対話のための『価値協創ガイダンス2.0』」
https://www.meti.go.jp/policy/economy/keiei_innovation/kigyoukaikei/ESGguidance.html

2（田中弦モデル）」になります。

これが本章冒頭で提示したＳＴＥＰ①〜⑤です。

新しいバージョンは、人的資本経営の実装のなかで陥りがちな「別の落とし穴」を塞ぎました。その「落とし穴」とは、「打ち手から考える」という「病」のことです。

どういうことかというと、現場では得てして、まず「どんな施策をやるか（＝打ち手）」を先に決めて、その打ち手に合わせて目標設計がなされがちだということです。

手段を先に決めて、そのあとに目標・目的を設定してしまう。それでは、いわゆる「手段の目的化」が起こってうまくいきません。

ズバリ言いますが、**人的資本経営には「成功の手順」があります**。

はじめにすべきは、自社のパーパスやミッションと、それを実現するための中期経営計画などにもとづいた「わが社の現状はこうだよね」「そして、目指すべき理想はここだよね」「そのために課題となっているのはこれらだよね」という認識合わせです。

次に行うべきことは、経営戦略と人事戦略を連動させながら、自社が抱える課題のなかでもとくに「人的資本にかかわる課題」を析出して、それらに必要な打ち手を考案し、実践し、ＫＰＩにトラッキング（追跡・分析）を加えて、フィードバックを得ながら経営をハンドリングしていくことです。

図6-2 人的資本経営フレームワークv1

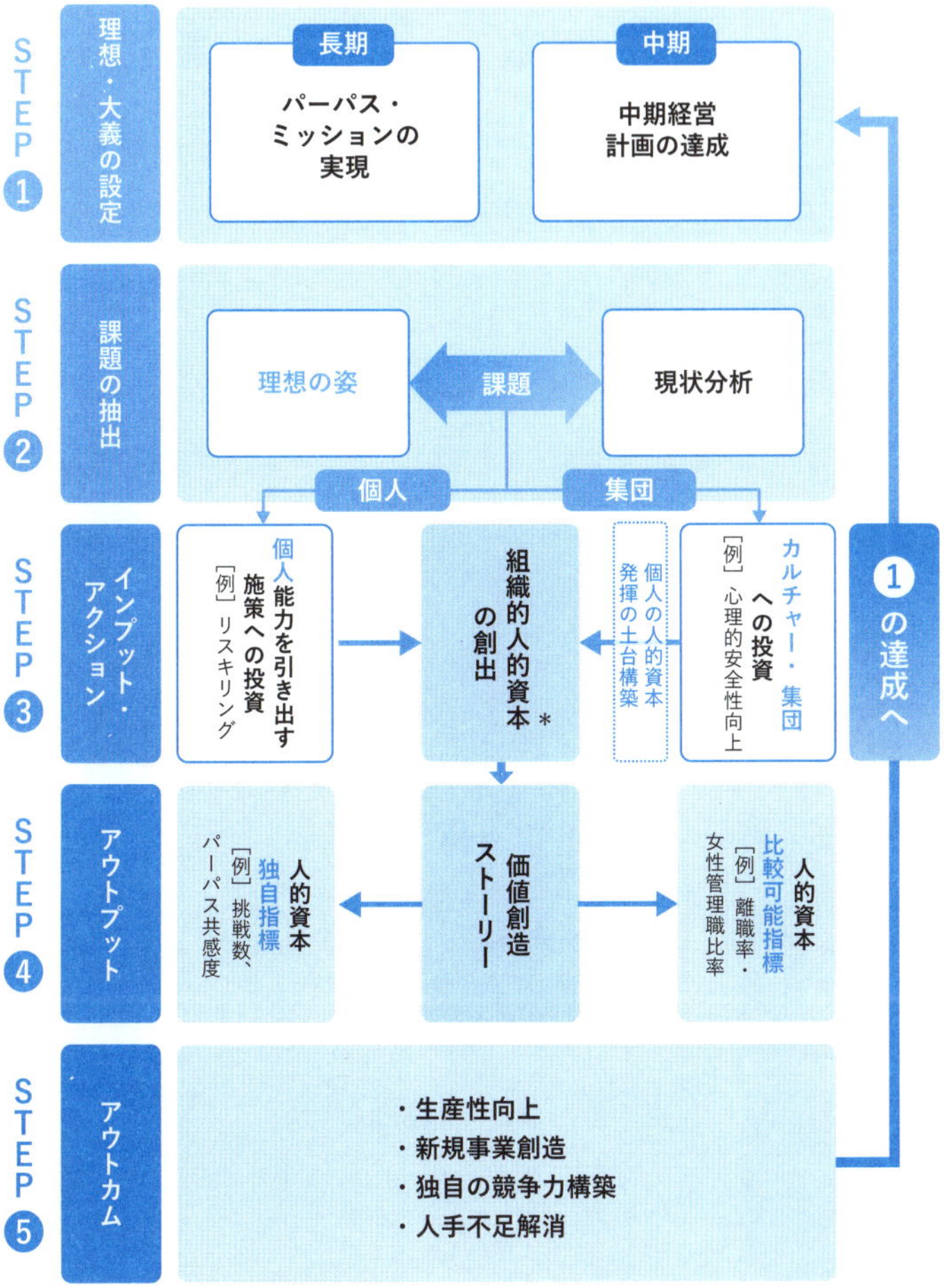

＊自社独自の「個人の力を最大限発揮して生まれる共創力」「競合優位性を生むための競争力」を合わせたものと定義

図6-3　人的資本経営フレームワーク v2

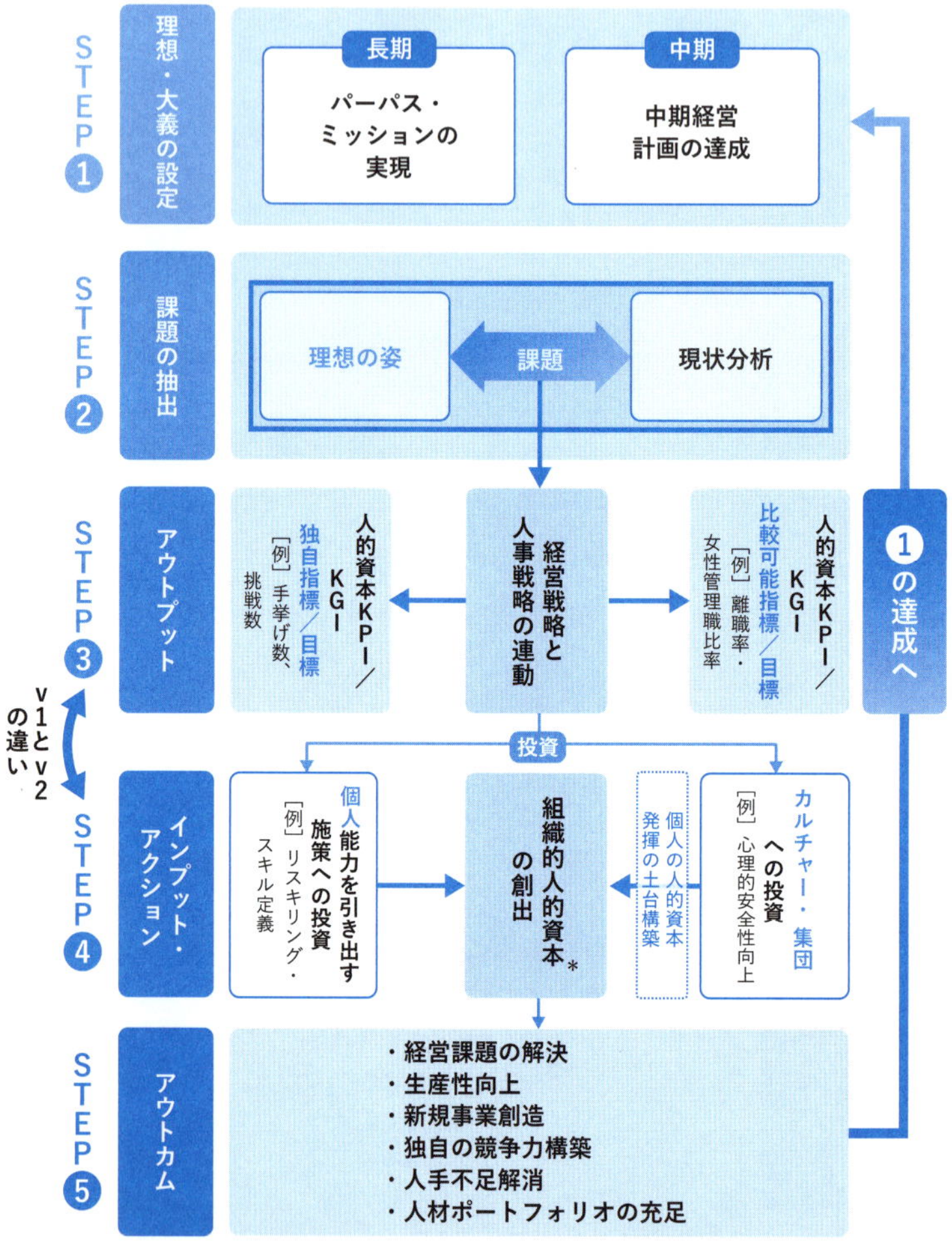

＊自社独自の「個人の力を最大限発揮して生まれる共創力」「競合優位性を生むための競争力」を合わせたものと定義

この手順を間違えてはいけません。

最初に「施策ありき」で、たとえば「女性管理職比率を高めるために○○という施策を実行してみよう」「いやいや、まずは対話会からやるべきでは？」といった具合に打ち手から考えはじめるのはナンセンスなのです。

この前提を必ず踏まえてください。

そのうえで、あなたの企業の実状をＳＴＥＰ①〜⑤に従って整理していきましょう。


また、この作業を最初に「誰が」担うのか、ということをよく質問されます。

これは企業によってケース・バイ・ケースです。

経営陣のみから始めることもあれば、人事、経営企画、ＩＲなどを参加させた混成チームから始めることもあります。

いずれにせよ、主体となるべき人たちの指針となるよう、本フレームワークを制作しました。


以上が５つのステップ＝「人的資本経営フレームワーク（田中弦モデル）」を活用する意義になります。

この意義のために各ステップを活かしていくという意識を外さずに実践していくべきだ

ということを、どうか忘れないでください。

次に、もうひとつの前提「3つのズレ」について詳説します。

企業に生じがちな「3つのズレ」

私は多くの企業に5つのステップを実践していただくなかで、コミュニケーションのズレがたびたび生じるのを目撃してきました。

しかもそれらのズレは意外にも企業内部で自覚症状がないことが多いため、本節でその正体を明らかにし、実践者に「心構え」を持ってもらうことが重要になります。

ズレを放置したまま人的資本開示を行った場合、たとえば、少なからぬ従業員が、開示情報を見たときに「会社は俺たちのことをまるでわかってない」「上っ面のいいことばかり書いている」などと感じ、エンゲージメントを下げてしまうことがあります。

それは極めて危険です。

では、組織に発生しがちなズレには、どんなものがあるのでしょうか。

3つ順に説明していきます。

ズレ1 株主が求めるもの ↕ 経営戦略のズレ

まずは、**株主が求めるものと経営戦略の間で生じるズレ**です。

そもそも、株主は企業のどんなところに注目しているのでしょうか。

業績はもちろんですよね。そのうえで、業績を支える組織の「現状」も知りたい情報のひとつだということは案外忘れられがちです。

もっといえば、彼らはただたんに「現状」を知りたいのではありません。より強い関心を抱いているのは、**「今後、その企業がどのように変化（成長）するか」**という点です。

多くの株主は、たとえば、パーパスの実現や中期経営計画をその会社がどのように達成していくのかを見たいと思っています。その際に彼らは、組織のいまの「現状」ももちろん見ますが、他方でその会社のこれからの「変化」をより注視します。

- 現在、その会社がどのような課題を抱えているのか
- その解消のために現在どのような取り組みをしているのか
- 近未来的にどんな取り組みを始めるのか

・〇〇年までにどのような数値目標を達成するつもりなのか
・目標達成のためにどのような実のある指標を設けているのか
・その指標の向上のために、どんな施策を打っているのか
・そこにどれだけの確実性と効果があるのか

株主はそういった、いわば**「課題の解決による価値創造ストーリー」**を知りたがっているのです。

ところが、統合報告書や有価証券報告書にどんな情報が出ているかというと、多くは「わが社は最高である！」という現状報告や「自慢ストーリー」です。

残念ながら、ほとんどの企業がそうなっています。

わが社はこんな先進的な取り組みをしています！
わが社は、こんなに人材が豊富です！
経営はこれだけ順調です！
わが社員は挑戦を歓迎し失敗を恐れません！
若者が活躍しています！
360度評価を導入しました！

図6-4 人的資本経営の「3つのズレ」

株主 ⇆ 経営戦略 ⇆ 人事戦略 ⇆ 社員間のズレが大きい

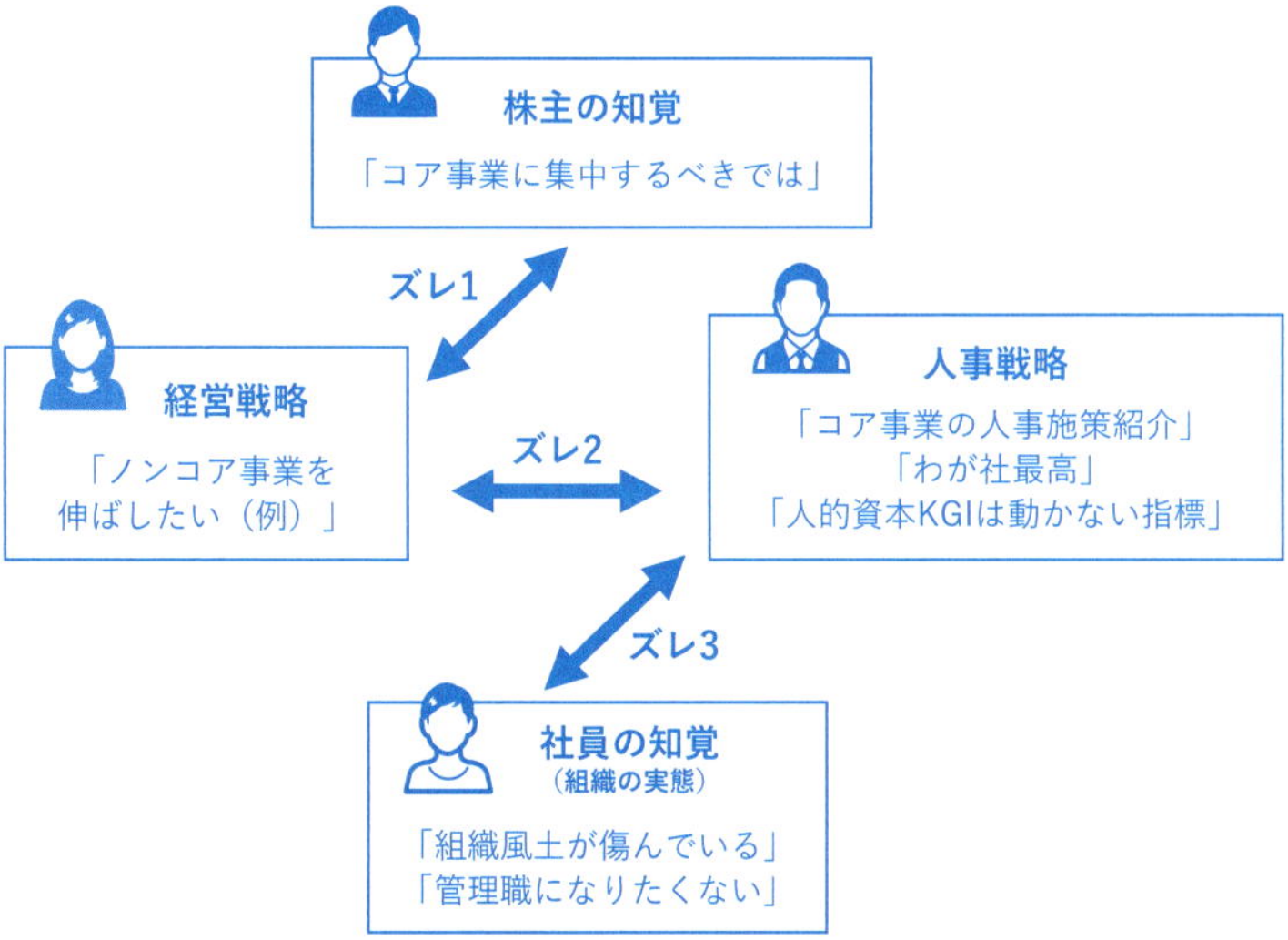

ズレ 1：株主 ⇆ 経営戦略

株主は課題解決による価値創造ストーリーを
知りたいが、会社は「わが社最高」ストーリー

ズレ 2 ：経営戦略 ⇆ 人事戦略

経営戦略と人事戦略が分離しているor中計
ストーリーと乖離している（施策紹介中心）

ズレ 3 ：人事戦略 ⇆ 社員間

社員は「わが社最高」ストーリーと実態を照らし、
「わかってない」と幻滅

女性活躍も認定を受けました！

そうやって謳って終わってしまっている。

とくに私が問題にしたいのは、「わが社は最高である！」という現状報告と「自慢ストーリー」だけでは、株主とのコミュニケーションが十全に機能しないということです。

ハッキリ言って、いまの株主はそういうことを求めていません。

あくまでも求めているのは**「現状」の自慢ではなく「変化」の可能性**なのです。

なのに、多くの企業は「現状」を開示しているだけ。

ここにズレが生じる原因があります。

ズレ2 経営戦略 ↕ 人事戦略のズレ

2つめは、**経営戦略と人事戦略が分離している、または連動していないことで発生するズレ**です。

多くの統合報告書はCEOや社長のインタビューが冒頭に掲載されるという体裁になっています。その箇所で、社長自らが人的資本経営に関する取り組みを語る企業も、最近は増えてきました。

ところが、その社長の発言内容が実際の人事戦略のページにきちんと反映されていないということがよくあります。

たとえば「組織や職種の壁を乗り越えて、みなで連携し、協力し合える、挑戦的な組織文化をつくっていきます」と社長のインタビューに書いてあるのに、人事戦略にはその話題がまったく出てこなかったり、「これからはノンコア事業を伸ばします」と経営戦略で語っているのに、人事戦略のページではコア事業のことしか触れられていなかったり……なんてことがよくあるのです。

あるいは、経営戦略上、新たな事業ポートフォリオの構築が重要であるため、「既存領域と新規領域人材の交流を促進します」と社長が語っていて、実際にグループ内出向やグループ外出向を積極的に展開しているのに、統合報告書や有価証券報告書、採用ページなどにはその情報がまったく載っていない、なんてこともある。

つまり、**経営戦略と人事戦略が分離していて、人事戦略がフワッとした制度・施策紹介で終わってしまっている**のです。

本来、経営戦略と人事戦略が明確に分離していることなどあり得ません。

なのに、人的資本開示上は分離してしまっている企業が多い。

これでは、報告書などを通じたステークホルダーとのコミュニケーションなどできるはずがありません。

先ほど申し上げたとおり、ステークホルダーに対して「変化」をどれだけ見せられるかが勝負です。現状を切り取っただけでは「いま」しか見せることができません。

その「いま」は、実現したい未来への「通過点」であるはずです。通過点を重視するのではなく、未来からの逆算で考えましょう。

このズレが発生する要因のひとつに、**「組織のサイロ化」**があります。

統合報告書などを制作する部署が複数にまたがっていて、それらの部署間で連携がうまく取れていないのです。

報告書の冒頭は「広報部」がとりまとめつつ、数字は「IR部」や「経営企画部」が、そして事業ごとの戦略は各事業部が、人事戦略は「人事部」が担当する、といった分業がよくあります。

そして、それらの部署が互いに整合性を図り切れていないということが起こるのです。

こういうところで損をするのは、もったいないと思います。

ズレ3 人事戦略 ↕ 社員が持っている認識のズレ

3つめは、**日々社員が感じていることや認識していることと人事戦略の間に生じるズレ**です。

これも先ほど述べたことですが、「わが社は最高である！」という自慢ストーリー的な情報開示ばかりをしていると、社員は「会社はわかっていない」と幻滅することになります。

これは以前、私がコンサルティングしていた企業の話です。

その企業の統合報告書には、巻頭インタビューのなかに「わが社は女性活躍が進んでいる」との社長の発言が記載されていました。実際、女性管理職比率が年々上がっているという人事データも開示されていました。

しかし、私がいただいた同社のエンゲージメントサーベイの自由記述欄には、多くの社員が「女性活躍は名ばかり」「社内にパワハラやセクハラまがいのことが横行している」と本音を記していたのです。

これは笑いごとでは済みません。

これでは、**統合報告書の開示によって社長が「裸の王さま」化されてしまいます**。

いまは、たとえばオープンワーク（働く人の口コミサイト）などで、誰もが従業員や退職者の「生の声」を簡単に読むこともできます。

そこに書かれていることや分析結果と統合報告書の内容がズレていて、後者がキレイごとしか読めないとしたら恥ずかしいですよね。それを見た人はシラけてしまいます。

この情報の「差」が、企業価値やブランドを毀損する可能性もあります。

会社が「公平な人事制度を行っています」と公言しているのなら、たとえば、社員の90%以上が「わが社の人事制度には公平性があると感じている」と答えている、といったような結果を開示すべきです。

図6-5はオープンワーク内のUnipos社（著者が代表を務める会社）のページです。

ここには、組織風土や待遇面の満足度などに関する、Unipos社で過去に働いていた人などの口コミ情報が掲載されています。

真摯で、かつ厳しいコメントが並んでいます。

このレーダーチャートを見るだけでも「人材の長期育成」「待遇面の満足度」「人事評価の適正感」に大きな課題があることが推測できます。また、具体的な口コミを見ると、経営者としても、人事戦略としても、反省すべき課題が解像度高く見えてきます。

この種のサイトでの口コミ掲載は、基本は匿名の情報ですから、もしかしたら経営者や人事担当者からすれば不本意な、あるいは「誤解だ」と主張したくなるような情報も含まれているかもしれません。

しかし、いまや求職者の7割はこういった口コミサイトを転職時に参考にする、といった調査もあります。

図6-5 Unipos株式会社（著者の経営する会社）のOpenWorkページ

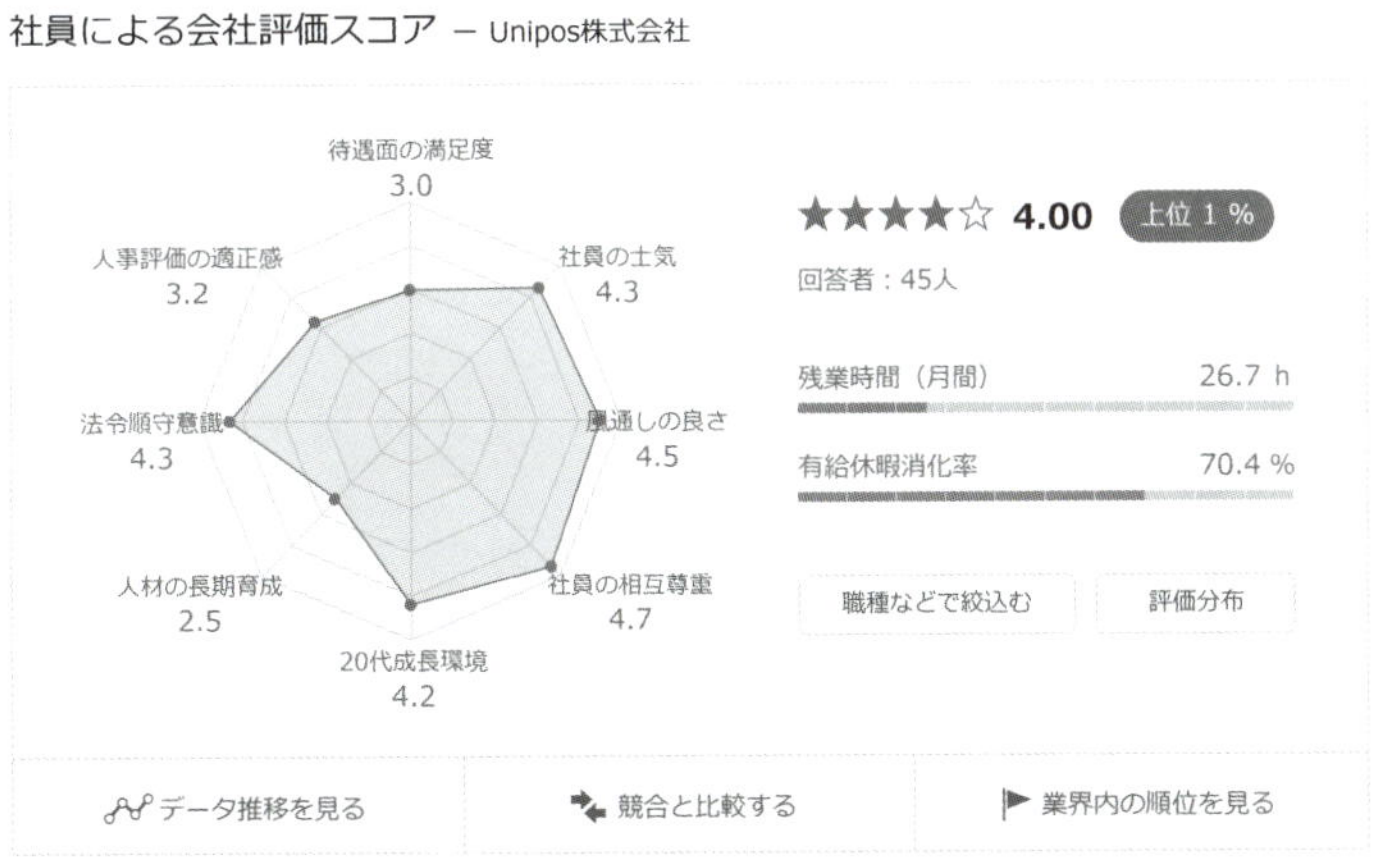

（出所）OpenWork Unipos 株式会社ページより引用
https://www.openwork.jp/company.php?m_id=a0C1000000UCJFp
提供元：転職・就職のための情報プラットフォーム「OpenWork」

これらに目や耳を塞ぐのではなく、**「社員はこう考えているかもしれない」という前提で、会社からどのようなメッセージを発信するか考える**ことをおすすめします。

◆

さて、では、これらの「ズレ」を解消するのは、誰の仕事になるのでしょうか？

人事部長でしょうか？

それともHRBP（HRビジネスパートナー）が丁寧に説明するべきでしょうか？

私の経験上、これは**まず社長に責任がある仕事**だと言うことができます。

社長のみなさん、もしくは人事部のみなさん、最近流行っている「従業員対話会」において、綿密に練られた他社のベストプラクティスを参考にした人的資本経営の方針を語っていますか？

「危機感が足りない」とか「もっと挑戦してほしい」といった解像度の低い、表層的な課題解決のために「〇〇制度を用意したから、頼むよ！」なんて話をしてしまっていませんか？

もしくは、ウェブサイトの採用ページで、自社の魅力について滔々《とうとう》と述べてしまっていませんか？

これらはすべて、**人にまつわる「コーポレート・コミュニケーション」そのもの**ですが、このコーポレート・コミュニケーションを正し、設計し直すことが、イコール、先の「ズレ」を解消することにつながります。

そしてその仕事は、**まずは経営者である社長の仕事**なのです。

各社員がズレが生じていないかを意識することも重要。

人事部や広報部、ＩＲがそれを意識することも重要。

ですが、社長がズレに敏感で、ズレの解消に意欲的でないと、施策は空転することになります。

以上、「3つのズレ」について解説してきました。

これらのズレが生じていないかを関係者間でよくよく観察し合いながら、社長を中心にズレの解消に努めてください。

その際に最も有効なのが、5つのステップのなかでも、とくにSTEP①になります。

それでは、いよいよ人的資本経営を実践する各ステップの解説に移りましょう。

STEP 1 理想・大義の設定

まずは**自社のパーパスやミッションを確認**します。そして、中期経営計画などがそれらに合致しているかを吟味します。

- ・自社がこの社会で果たすべき役割は何か。使命は何か
- ・どんな価値を創造・提供することを目指しているのか
- ・そのために会社をどのような環境にすべきか

・社員やステークホルダーにどのようになってもらいたいのか

それらをしっかり確認し、**社内でお互いに「ここはブレないようにしよう」という認識合わせをしてください**。

先にも述べたように、経営のなかでしばしば起こってしまうのが「手段の目的化」です。また、人的資本経営の実装化の過程でしばしば生じてしまうのが前出の「3つのズレ」です。

それらを未然に防ぐか、生じたとしても解消していくために、何かあるたびにとくにこのSTEP①に立ち戻ることが重要になります。

STEP 2 課題の抽出

次に**課題を抽出**します。
まずはざっくりとしたもので構いません。

経営的な課題、部門横断的な課題から、個別部署の課題、個人個人の課題まで、さまざまなものがあると思いますが、それらを列挙していきます。

人的資本にかかわる課題だけに絞る必要はありません。

課題をとにかく挙げていくと、次第に会社の「現状」が見えてきます。また、そうして課題を列挙していくと、「本来、会社はこうあるべきだよね」といった目指すべき「理想」も見えてきます。

この**「現状」と「理想」の認識合わせ**を行ってください。

とくにこういった課題は、きちんと理解して「乗り越え」のロードマップを示すことができれば、それがそのまま「伸びしろ」に転換します。

課題を「伸びしろ」化してほしいのです。

その準備のために、まずは「ざっくり」と経営課題を析出し、「認識合わせ」を行う。

そうしたら、次にすべきは、とくに人的資本にかかわる課題について、その解像度をグッと上げていくことを目指すこと。そして、具体策や指標・目標の策定につなげていきます。

具体的には、本書独自の取り組みである「匿名回答形式の課題抽出アンケート」を活用し、解像度の高い課題を抽出します。

ここから、事例などもまじえながら詳述していきます。STEP②の内容の解説は少々長くなりますが、ひとまず全体像をつかむために読み進めていただければと思います。

以下、具体的な手法を提示しましょう。

解像度の高い課題の抽出方法 ――サクセッションプラン対象者向け匿名アンケート

ここで、少し前の話題になりますが、オープンワークについて説明します。

オープンワークの情報は貴重な参考情報ですが、過度に影響されてはいけません。

口コミサイトの情報は「ある程度」のズレの可視化に役立つだけだという点を忘れないでほしいのです。

それをそのまま「正確で本質的な根拠」として扱ってはいけません。

先の「3つのズレ」をより正確に可視化したいなら、おすすめの方法があります。

「サクセッションプラン対象者を中心とした匿名回答形式の課題抽出アンケート」です。

これに似たものとして、人によってはエンゲージメントサーベイを思い浮かべる人もいるかもしれません。ですが、このアンケートはそれと似て非なるものです。

たしかに、エンゲージメントサーベイでも会社全体の傾向は「ある程度」判明するでしょう。

たとえば、「私はこの会社で挑戦することに困難を感じない」といったサーベイ項目があるとします。そして、その点数が低いことが判明しました。

これは「課題」として捉えられるかもしれません。

多くの人が「挑戦できない」と感じているという状況があれば、事業成長にマイナスの影響が出るでしょうし、新規事業も生まれないかもしれません。

だから、「これは経営課題である」と判断するのは妥当だといえます。

ここまではいいのですが、一方で多くのエンゲージメントサーベイでは、その課題の「背景」や、課題が生じる「要因」まではわかりません。

背景などに迫る設問がないことが多いからです。それでは**「なぜ挑戦できていないのか」「その背景や構造的な課題は何か」までははわかりません**。

また、エンゲージメントサーベイには「ノイズ」が入る可能性があります。

ノイズ、つまり適当に回答する人が含まれたり、「5段階評価のなかで『3』などの無難だと思われる『中央値』を選びやすい」といった日本人の傾向などが反映されやすかったりするのです（たとえば欧米人には「中央値を選択しやすい」といった傾向はあまり見られません）。

そのため、エンゲージメントサーベイは要因分析という面でやや不足があるともいえます。統計的には有意なデータではありますから、オープンワークなどの口コミサイトと同様、全体の傾向をつかみ、他社との比較のために使う分には「ある程度」有益ですが、**課題抽出には向かない**と私は考えています。

また、エンゲージメントサーベイの自由記述欄が「恨み節の大合唱」コーナーとなってしまったケースもあります。それでは、正しい経営課題やズレを分析しようと思っても難しいですよね。

そこで提案したいのが、**「サクセッションプラン対象者への匿名回答形式の課題抽出アンケート」**です。

・アンケートの特徴

本アンケートでは、メールアドレスや氏名、部署など、**個人を特定し得るような情報を一切取得しません**。これは、心理的安全性が高く、社員が本音の回答をしてくれる環境をつくるためです。

また、本アンケートは課題の可視化・抽出とともに、課題が生まれる「要因」をも特定し、その要因を取り除くことも「課題」として認識します。それに資する設問を用意していることも、このアンケートの特徴です。

・アンケートの対象

本アンケートは、**サクセッションプラン対象となっているような幅広い部署の次世代経営人材（いわゆる将来の幹部候補）**を中心に、**人的資本経営に携わる経営企画部、IR、人事部といった人々**を追加し、30人ほどを対象者とします。

次世代経営人材を中心にする理由は、この層が経営と現場の両面のリアリティをもっとも感じている層だからです。

一方で、彼らには会社で積み上げてきたものがあるため、「失うものがあるのではないか」と自分の得意な領域以外のことに意見するのを躊躇する人もいます。

経営にとっていちばん有意義な情報を持っている層の心理的安全性が低いばかりに、建設的な意見が経営に反映されないというリスクを抱えがちな企業は多いです。

本アンケートは匿名で人事評価の参考にはしないこと、忌憚なく意見を書いても人事的報復がないことを明記します。

また、このようなアンケートの実施を提案すると、「悪口が噴出するのではないか」といった懸念をされます。

もっともな心配だと思います。

懸念を払拭するにはアンケートを実施する「目的」を事前に共有してください。

実際に「このアンケートを、あなたと一緒に会社をよくする契機にしたい」などと伝えるとアンケートが「悪口の羅列」になることはありませんでした。

アンケート設計を「回答を『ただの文句』で終わらせない」仕組みにしましょう。

・アンケートの質問項目設計

次に、私が行っているアンケートのサンプルを提示します。

重要なポイントは、「理想」と「実態」のギャップをもとに、その差分である課題を特定しながら、同時に課題の「要因」をも探っていくという設問の意図です。

このあと詳しく説明しますが、まずは順番に、**「土台の課題」「気持ちの課題」「能力の課題」**を棚卸ししてもらいます。

A-1：課題①土台（風土・制度・DE&I）

人材やカルチャー領域に関して、「土台（風土・制度・DE&I（Diversity, Equity and Inclusion））」は、理想と実態にどのような差分がありますか。また、社内で起こっているどのような事象からその差分が「ある」と判断されましたか。

A-2：課題②気持ち（主体性・自律性・共感・ワークエンゲージメント）

人材やカルチャー領域に関して、「気持ち（主体性・自律性・共感・ワークエンゲージメント）」は、理想と実態にどのような差分がありますか。また、社内で起こっているどのような事象からその差分が「ある」と判断されましたか。

A-3：課題③能力（キャリア・今後求められる能力に達していないなど）

人材やカルチャー領域に関して、「能力（キャリア・今後求められる能力に達していないなど）」においては、理想と実態にどのような差分がありますか。また、社内で起こっているどのような事象からその差分が「ある」と判断されましたか。

ここまでで、「課題」と「事象」を鮮明にします。

次に、課題の**「根本要因」**を問います。

B：課題（伸びしろ）の要因仮説

先ほど挙げた課題や事象が生じている根本原因には、どのようなことが考えられますか。

そして最後に、**その要因がなぜ取り除かれないのか、なぜ解決されていないのか**を問います。

C：課題（伸びしろ）が解決されていない理由
なぜ、それが解決できていないと考えられますか。

これらの項目のうち、Aパートだけでは、回答が「悪口の羅列」になってしまう可能性があります。しかし、BとCがあることで、回答者は課題を「自分ゴト化」して考えるようになり、建設的な意見を述べるようになります。

既存のエンゲージメントサーベイの多くはBやCのような問いを設けていないため、自由回答欄にそれを書く人もあまりいないのです。

本アンケートによってエンゲージメントサーベイなどでは明瞭さを欠いていた組織課題が鮮明になります。

これにより、**本質的な意味で社員の声を課題解決に活かすことができるようになります**。

たとえば、私のお客さま企業のなかに若年層のエンゲージメントスコアが明らかに低く、若手の離職率が経営課題になっている会社がありました。

しかも、なぜスコアが低いのか、その要因が長らくわかりませんでした。

ところが、本アンケートを実施したところ様相が変わっていきます。

同社のなかで、とくに中間管理層に極端に上と下の両方から業務のしわ寄せがいっていることがわかったのです。

そのため、とくに20代中盤の層は「この会社で将来的に中間管理職につきたい（ついてもいい）」と考える若手が10％を切っているという悲惨な状況に陥っていました。

若手からすると、企業内での将来がまったく考えられなかったわけですね。

さらに、経営層がその課題に気づいていなかったことが判明したのです。

気づかなかった要因は2つありました。

ひとつは、この会社では全社のエンゲージメントスコアの全社平均値しか経営者が見ていなかったことです。

全社平均値は、基本的に均《なら》された数字になります。

「部署別」「年代別」「階層別」「性別」などでセグメントして細かく見ていけば、それぞれにエンゲージメントスコアは違っているはずですが、その差異が「全社平均」の数字になると見えなくなるのです。

もしかすると、特定のセグメントの数値が高いために、全社平均をいびつに押し上げていて、特定の部署のエンゲージメントスコアが非常に低いことが見逃されてしまうかもしれません。

これは**「平均の罠」**という話として知られています。

もうひとつの要因は、経営層がまさに中間管理職についていた時代のマネジメントの「常識」と、現代の若者が求めているマネジメントの「常識」がまったく違っていて、その会社では前者が横行して当然視されていたから、というものです。

いわゆる、かつてのマネジメントの常識とは「俺の背中を見てついて来い！」というやつですね。

経営層を占める主な世代にとっては常識であり、違和感を抱きにくく、だから組織内にそのマネジメントが横行していても、それによる課題に気づかないのです。

一方で、若者は心理的安全性やサーバントリーダーシップなどを求めています。そして、中間層である管理職は上とも下とも別の価値観の調整を行いつつ、業務にも忙殺されているのです。

ここに大きなズレがあります。

それが**匿名アンケートによって明らかになった**のです。

では、そのうえで同社は具体的にどう対応したのでしょうか。

同社の統合報告書では「サクセッションプラン（次世代経営者育成プラン）への充実した取り組み」について言及がなされていました。

実際、実施もされていました。

ところが、そのサクセッションプランの次の候補者がたくさん存在するであろう中間管理職は、社内では「誰もなりたがらない大変なもの」として若手層に認識されていたのです。

せっかくサクセッションプランを実行しているのに、昇進やマネージャ職に魅力が感じられず、上司は常に疲弊していて、経営層と若手層の間で価値観のズレも生じている。これでは、若手のエンゲージメントが下がるのも当然でしょう。

同社は、経営層の再教育と中間管理層の業務量見直しを始めました。また、マネジメントの常識を刷新して、サクセッションプランも改めました。

さらに、中間管理層の仕事の魅力などについて社内でピッチしてもらうなど、多少なりとも中間管理層への恐怖じみた誤解を解く研修も開始しました。

そして、これらをすべて情報開示しました。広く社会に公表したのです。

このようにして、**社員と経営層のズレを解消するコミュニケーションを徹底的に行いました**。

すると、変化があらわれはじめます。

社内の若手から見て、その企業の人事的なパイプラインが修復していくように見えます。中間管理層につきたいと考える若手の割合も、少しずつ改善に向かっています。

そのような「変化」をふたたびステークホルダーに見せることができれば、サクセッションプラン成功の道筋が見えるため、株主などから見て、企業経営そのものが改善されていることがわかるようになります。

もちろん、この匿名アンケートの最終目的は、ステークホルダーからの「見え方」をよくすることではなく、**あくまでも本質的な「課題解決」をもたらし、成長のスタートラインを明らかにしていくこと**です。ここの理解は外さないでください。

「課題」を表層的な問題と構造的な問題に腑分けする

じつは、匿名のアンケートを「取っただけ」ではまだこのアンケートの実力の半分くらいしか使いきれていません。

次に、アンケートで出た「課題」を**「表層的なもの」と「構造的なもの」に分類する**必要があります。

若干、込み入った話になってきたので、ここは丁寧に確認しながら話を進めていきます。

まずは「表層的な課題」と「構造的な課題」の違いを解説します。経営学者の宇田川元一教授は、著書『企業変革のジレンマ』でこう述べています。[1]

「新規事業が生まれない」という現象に対し、これを、個人の意欲やスキルの低下の問題ととらえ事業開発のためのトレーニングプログラムを実行する企業は少なくない。だが、こうした取り組みは、一時的な学びになっても、職場に戻れば多くのことが活用されないまま、すぐに忘れ去られてしまう。この「新規事業が生まれない」という問題は、長らく事業領域が変わらず、分業化が進み、仕事のルーティンが固定化されることによって生じる構造的な問題であるはずだ。ところが、問題の上層だけを捉えてしまうと、背後にある複雑な問題は掘り下げられず、手をつけられることのないまま残りつづける。

この話でいえば、「新規事業が生まれない」が表層的な問題にあたります。そして、「長らく事業領域が変わらず、分業化が進み、仕事のルーティンが固定化」されていることが、複雑で構造的な問題にあたります。

要するに、表層的な問題の背後にある根本要因のことを「構造的な問題」と呼ぶのです。

たとえば、この節のアンケートを行ったときに、「若手のエンゲージメントが低い」「社員に危機感が足りない」といった回答が寄せられます。

これらは「表層的な問題」です。

多くの場合、これらの課題を解くための議論や施策に時間がとられるわけですが、問題認識が表層面にとどまっていては、本質的な解決には結びつきません。

宇田川氏が述べるような**構造的な問題に手がつけられることは、じつは少ない**のです。

匿名アンケートにはこういった表層的な問題と構造的な問題が混淆《こんこう》した状態で記されます。それらを吟味し、さまざまな課題の根本要因を特定していくことが大事なのです。

ここで、実際に行った匿名アンケートに出てきた回答を見てみましょう。

- 挑戦が報われるような制度設計になっていない
- 心理的安全性が低いため、諦めが広がっている
- 縦割りが激しく、部署を超えた形式知化やナレッジシェアを見たことがない
- 新しいことをやろうとすると保守的な風土がブレーキになる
- パーパスが経営陣で上滑りしている
- 出る杭は打たれる
- 人財や風土改革という言葉が都合よく使われている

・うまくいかなかったときの責任転嫁が激しい
・異動ができない、したくても上司が離してくれない
・会社全体がシラケてしまっています。今年もまた変化なし、変わりません
・主体性がある人とない人の差が激しく、主体性がある人に諦めが生じている
・短期利益を追求して、中長期的な課題を解決するための施策を取り締まる社内集団がいるため中長期的な課題への挑戦ができない
・上意下達の文化が根強い
・危機感がなく、他力本願マインドが横行

……刺激的なワードが並んでいますね。

これらの事象の原因を探り、課題を特定するという地道なプロセスを踏むことが、長期的な企業の成長の第一歩になるわけですが、このうちどれが表層的な課題で、どれが構造的な課題になるかわかりますでしょうか。

大要、以下が表層的な問題だと位置づけられるでしょう。

・心理的安全性が低いため、諦めが広がっている
・危機感がなく、他力本願マインドが横行

一方で、以下は構造的な問題を表しているといえます。

- 縦割りが激しく、部署を超えた形式知化やナレッジシェアを見たことがない
- 短期利益を追求して、中長期的な課題を解決するための施策を取り締まる社内集団がいるため中長期的な課題への挑戦ができない
- 上意下達の文化が根強い

こういった構造的な問題がなぜ起こっているのかを深掘りしていくことが重要です。

たとえば「危機感が足りない」という声があったときに、「危機感をあおる」ための施策が対応策としてふさわしいかといえば、そうではないこともしばしばあります。

その会社では、社員の自主性や主体性、すなわち「わが社の経営を自分がよくしていくんだ」という思いが弱いために、危機感が欠如しているのかもしれません。

あるいは、経営に関する情報があまりにも共有されていないがために、経営上の課題を考える元ネタに社員がアクセスできず、危機感が欠如しているのかもしれません。

どちらが要因で危機感が生じにくくなっていると判断するかによって、対応は変わって

きます。

にもかかわらず、ただ「危機感が足りない」という表層的な段階で課題を捉え、場当たり的に対策を講じてしまえば、うまくいかないのは目に見えています。

この判断を間違えないために、**背後にある根深く複雑な問題、メカニズムを解いていくことに重心を置く必要があるのです。**

自社のどこに「伸びしろ」があるか。

それを教えてくれるのは、ほかならぬ「課題」であり、とくに「構造的な課題」です。

その**「構造的で本質的な伸びしろ」**を伸ばすことに傾注することがポイントになります。

STEP 3 アウトプット（課題を解くための施策・指標の設定）

これまでは経営にかかわる「あらゆる課題」を抽出してきましたが、ここからは人的資本にかかわる課題だけに絞って実践していきます。

なぜ、これまでの段階で「あらゆる課題」を抽出させたかというと、経営全体のなかで人的資本にかかわる課題がどのような位置づけにあるかを意識していただくためです。経営課題は、人的資本にかかわる課題だけではありません。とはいえ、人的資本にかかわる課題を解決していく取り組みは経営全体に影響します。

そして、人的資本にかかわる課題にフォーカスしたうえでまず取り組んでほしいのが、**課題解消のために必要な施策・指標の設定**です。

まずはどんな打ち手・取り組みがあるのかを検討していきます。施策を列挙し、そして優先順位づけを行います。

このSTEPでも、それぞれを詳細に解説していきますので、少々内容が長くなりますが、ぜひお付き合いください。

3割の社員が動く「大胆な打ち手」を決める

多数の施策のなかでも最優先にすべきは、大胆に、空気をガラリと変えるような施策です。それくらいインパクトのある打ち手を打たなければ、組織はそうそう変わりません。

「黄金の3割理論」については先述しましたが、**目安にしたいのは3割の社員が参加できるような打ち手**です。

「3割」を動かしたことで組織がガラッと変わった事例があります。

しずおかフィナンシャルグループの打ち手は素晴らしいものでした。

同グループが設けている手挙げによる出向制度があります。以前はほとんど利用者がいなかったそうです。しかし、いまは「出向したい」と言って手を挙げている人が、20〜30代の行員の約5割にものぼるといいます。

私が代表を務めるUnipos社にも、同グループから出向制度を使って働いているスタッフがいました。

そこで同グループの方に「なぜ、それほど利用が多くなったのですか？」と聞きました。

するとその方は、**「手を挙げる人が3割ほどを超えてくると、後に続く人が急に増えてくる。まずはその3割を目指して施策を打つんです」**とおっしゃったのです。

たしかに、Unipos社に来てくれていたスタッフも、「まわりも挑戦しているので」と語っていました。

大胆な打ち手が、設定したKPIを動かし、人を動かしたのです。

「3割勢力＝クリティカル・マス」が変われば、組織も不可逆的な変化を起こします。

ぜひ「会社も本気だな」と社員が感じるような、人的資本経営を実現する起点となる「大胆な打ち手」を決めてください。

そのうえで――各施策が決定したら、それぞれに目標を設定していきます。

KPIとKGIの違いは？　明確に理解して運用しよう

「KPI」という単語を「KGI」と混同して使っている人がよく見られるため、改めてここで定義を確認します。

・KPI（Key Performance Indicator）

KPIは、組織やプロジェクトのパフォーマンスを測定するための指標です。具体的には、目標達成に向けた進捗状況を定量的に評価するために使用されます。たとえば、売上高、顧客満足度、コスト削減率などがKPIとして用いられます。

・KGI（Key Goal Indicator）
KGIは、最終的な目標の達成度を示す指標です。
KPIと異なり、KGIは最終的な成果や結果を評価するために使用されます。
たとえば、年間売上目標の達成、プロジェクトの完了、製品の市場シェア拡大などがKGIとして設定されます。

要するに、**KPIは日々の業務パフォーマンスを測定するために、KGIは最終目標の達成を評価するために使われる**ものだということです。

KPIは**成長や改善の「プロセス」を定量化する指標**です。
プロセスの判断軸なので、進捗状況の変化などに応じてその都度、内容を入れ替えても構いません。折々の現状に最適なKPIがほかにあるなら、積極的に入れ替えてください。
この意味でいえば、**KPIは常に暫定的なもの**であり、よりよい指標があればいつでもそちらにアップデートすべきものであると言えます。
本書ではこれを**「中間KPI」**と表現します。

次にKGIですが、こちらは**成長や改善の「ゴール」を定量化する指標**です。

KGIはそう簡単に変更するべきではありません。プロセスがいかに変わっても、KGIは基本変えず、「中間KPI」の変更で対応してください。

また、KGIは「中間KPI」が数値的に伸びることではじめて実現可能性が高まります。だからこそ、「中間KPI」をしっかり追いかける必要があるのです。

たとえば、女性活躍推進の文脈では、女性管理職比率だけを議論するのは注意が必要です。

「中間KPI」が先行指標であり、これが改善しない限り将来の女性管理職比率も改善しません。たとえば、「将来的に女性管理職になってもいいと思う社員の比率＝中間KPI」が高まれば、「女性管理職比率＝KGIの達成可能性」も長期的に高まります。

以前から、投資家や株主などのステークホルダーに「変化」を伝えることが大事だと語ってきましたが、そのためには、**KGIより変化しやすいKPIを前面に出すほうがいい**でしょう。

くり返しになりますが、彼らは**「現状」よりも「変化」に注目している**からです。

また、KPIとKGIに据えるべき指標には2種類があります。

ひとつは**「比較可能指標」**、もうひとつは**「独自指標」**。

「比較可能指標」は、「離職率」「女性管理職比率」「育休取得率」などに代表されるもので、いわゆる「どの企業からも共通して析出できる」指標です。

一方、「独自指標」は、のちに事例で紹介するような「挑戦数」や「パーパス共感度」「手挙げ数」など、その企業独自の課題や性格に対応したものです。

各企業の課題には**「どの企業にも共通する課題」**と**「その企業独自の課題」**があります。「独自指標」はとくに後者に対応しています。

この2種の指標を、随時KPIやKGIに設定していき、それに合わせてその目標を達成するための施策・打ち手を考案していきます。

事例

より変動しやすい指標を中間KPIに設定する
――マネーフォワード

イメージしやすくするために、ここから具体例を見ていきましょう。

まず、1例目。

株式会社マネーフォワードは、経営上の意思決定に「多様な視点」を取り入れるため、女性の意思決定者を増やすことを課題としていました。

そのときに「女性管理職比率を○%に上げる」といった目標を設定すれば、それは

KGIとなります。そしてそれは「比較可能指標」でもあります。

同社はもともと、柔軟な働き方の実現や女性活躍推進に積極的に取り組んできました。では、同社は、具体的に何を「中間KPI」に設定したのでしょうか。

同社のグループサーベイを見てみます。

そのなかに、「管理職やいまよりも大きな責任を負う業務をオファーされたらやってみたいと思うか？」といった設問があります。

同社は、その設問の回答を数値化し、男女別の平均スコアを算出して指標にしました。つまり**「チャンスがあれば、より責任を負う業務や管理職を担ってみたい」という意欲が、男女別でどのように変化するか**を追いかけることにしたのです。

ちなみに2022年8月時点で、同社のこのスコアは男性が4・2、女性が3・8だったそうです。

「管理職を担ってみたい」という意欲について、男性に比べて女性が0・4ポイント下回ったということです。

同社はこの「差」を「有意な差」として捉え、その差を縮めること、また、男女ともに同スコアが4・0を超える環境を整えることを目標として設定しました。

これがまさに「中間KPI」です。また、本指標はマネーフォワード独自のものであることから、これは「独自指標」でもあります。

図6-6 女性管理職比率そのものではなく、まずは中間KPIを追求する

② 意思決定層における性差を是正するための取り組み
2023年11月末時点における当社グループの正社員のうち、女性の比率は35%ですが、管理職における女性比率は20%となっています。経営上の意思決定には多様な視点を取り入れることが重要であり、最大のマイノリティグループである女性の意思決定者を増やすことは、そのための重要な取り組みの一つであると認識しています。今後の目標としましては、2025年11月期末までに、以下の状態を目指す方針です。

当社では、一人ひとりのスキルや貢献度に応じ、1〜7までのグレード(等級)を設定しています(当社正社員が対象)。以下のとおり、2023年11月時点で、同一職種群における平均グレードの男女差*4が発生していますが、当該ギャップを0.2へと縮めることを目指します。
エンジニア・PdM等 0.4、デザイナー 0.4、ビジネス職 0.6、全職種平均 0.6

*4 2024年1月1日現在。当社(当社からの出向者を含む。)における正社員の男女別の平均グレード。インクルーシブ雇用(障がい者雇用)及び試用期間中でグレードが確定していない場合は除く。

また、半期に一度実施する従業員アンケート「MF グループサーベイ」の、「管理職や今よりも大きな責任を負う業務をオファーされたらやってみたいと思う」という設問において、男女ともに当該設問のポイントが5段階中4.0以上となることを目指しています。なお、2022年8月実施時点においては、男性の平均スコアが4.2、女性の平均スコアが3.8と、有意な差が生じていましたが、2023年10月実施時点においては男性の平均スコアが4.2、女性の平均スコアが3.9と若干改善しました。

(出所) 株式会社マネーフォワード「コーポレート・ガバナンス」
https://www2.jpx.co.jp/disc/39940/140120240405566562.pdf

その向上を追求することで、同社は**「ダイバーシティ施策に取り組んでいる」**といったことを確かなデータをもとに言えるようになりました。また、これにより、女性管理職比率が将来にわたって改善していく可能性も高まるでしょう。

これは、先々のKGI達成のために、変動が起きやすい指標を中間KPIとして設定し追っていった好例です。

事例

ＫＧＩよりも中間ＫＰＩを注視して施策を回す――安川電機

次に、株式会社安川電機の事例です。

同社は技術系の採用が多く、女性従業員の割合が少ない状況にありました。そのため、女性従業員を増やし、かつ「女性管理職比率」（比較可能指標）を上げたいと考えました。

そこで設定した「中間ＫＰＩ」が、男女別の「管理職への意欲」を示した人の「割合」になります。

マネーフォワードの「中間ＫＰＩ」の立て方との違いは、マネーフォワードが回答をスコア化してみなの平均値をＫＰＩにしたのに対し、安川電機は「割合」をＫＰＩにしたところです。

どちらが「中間ＫＰＩ」としてより適切かについては、会社ごとに合う・合わないがあるため、よく検討してみてください。

さて、そんな安川電機ですが、２０２０年６月から調査を開始。そこから「中間ＫＰＩ」を追いかけました。

図6-7 「管理職への意欲」を中間KPIに

女性の活躍

当社グループ全体では、管理職の約13％（2022年度）を女性が占めていますが、当社単体では、技術中心のメーカーとして技術系の採用が多く、その母数となる理系の女子学生の比率が少ないこともあり、結果として女性管理職の比率が低いという課題を抱えています。また直近の社内アンケート結果から、管理職を目指したい女性従業員の割合が向上している一方で、男女の性別の役割意識については、改善傾向にはあるものの依然として男女でギャップがあることが分かりました。

これらを踏まえ、女性従業員のスキルアップやマインドチェンジのみならず、女性従業員を育成する職場管理職の意識変革や関わり強化に向けた女性管理職育成研修に加え、男女の性別の役割意識の改善に向けたアンコンシャスバイアスに関するアンケート調査等も実施しています。

ESアンケートによるモニタリング

	2020/6	2021/6	2022/6
多様な人材の強みを生かせる職場風土*	59%	71%	78%
管理職への意欲	49%	45%	45%
女性従業員	21%	22%	29%
男性従業員	52%	50%	48%

*自職場は多様な人材の強みを生かせる風土であると回答した割合

（出所）「YASKAWA レポート 2023」
https://www.yaskawa.co.jp/wp-content/uploads/2024/09/2023J_A4.pdf

そして結果的に、2年間で、管理職に意欲を示した従業員の割合が、男性は52％から48％へ、女性は21％から29％へと変わりました。

管理職になりたい女性が8ポイント増加し、男女の意欲の差もかなり縮まったわけです。

もし同社が女性管理職比率を「中間KPI」にしていたらどうだったでしょうか。

女性管理職比率は元来、変動が起きにくい数字です。

さらに、同社が採用したいと考えている対象者＝理系の女子学生の母数は、社会的に見てもかなり少ないため、同社のみの努力では変化を起こしづらいでしょう。

それでは変化が「見えない」か「存在しない」ため、指標として掲げてもあまり意味はありません。変化が「見えない（実際には起きている）」

状態ならまだマシですが、「何も変化していない」のであれば、もはやその「中間KPI」は有名無実です。

実際の同社は「管理職への意欲」を「中間KPI」にしました。そしてその「中間KPI」の数値を着実に変化させているのです。

事例

「異動の応募者数」を「中間KPI」にする――富士通

もうひとつ、事例を示しましょう。

富士通株式会社も、まさに「中間KPI」を軸とした経営を展開している企業のひとつです。

同社では、人材の流動性を高め、交流を促進し、イノベーティブな環境を生み出すために、希望者が「異動したいです！」と手を挙げて、その応募者のなかから実際の異動者を決定するといった施策を行っています。

その際にKGIにしているのが**「異動者数」**であり、「中間KPI」にしているのが、手を挙げた人の数、つまり**「応募者数」**です。斬新な「独自指標」ですね。

図6-8 KGIである「異動者数」と、中間KPIである「応募者数」を設定

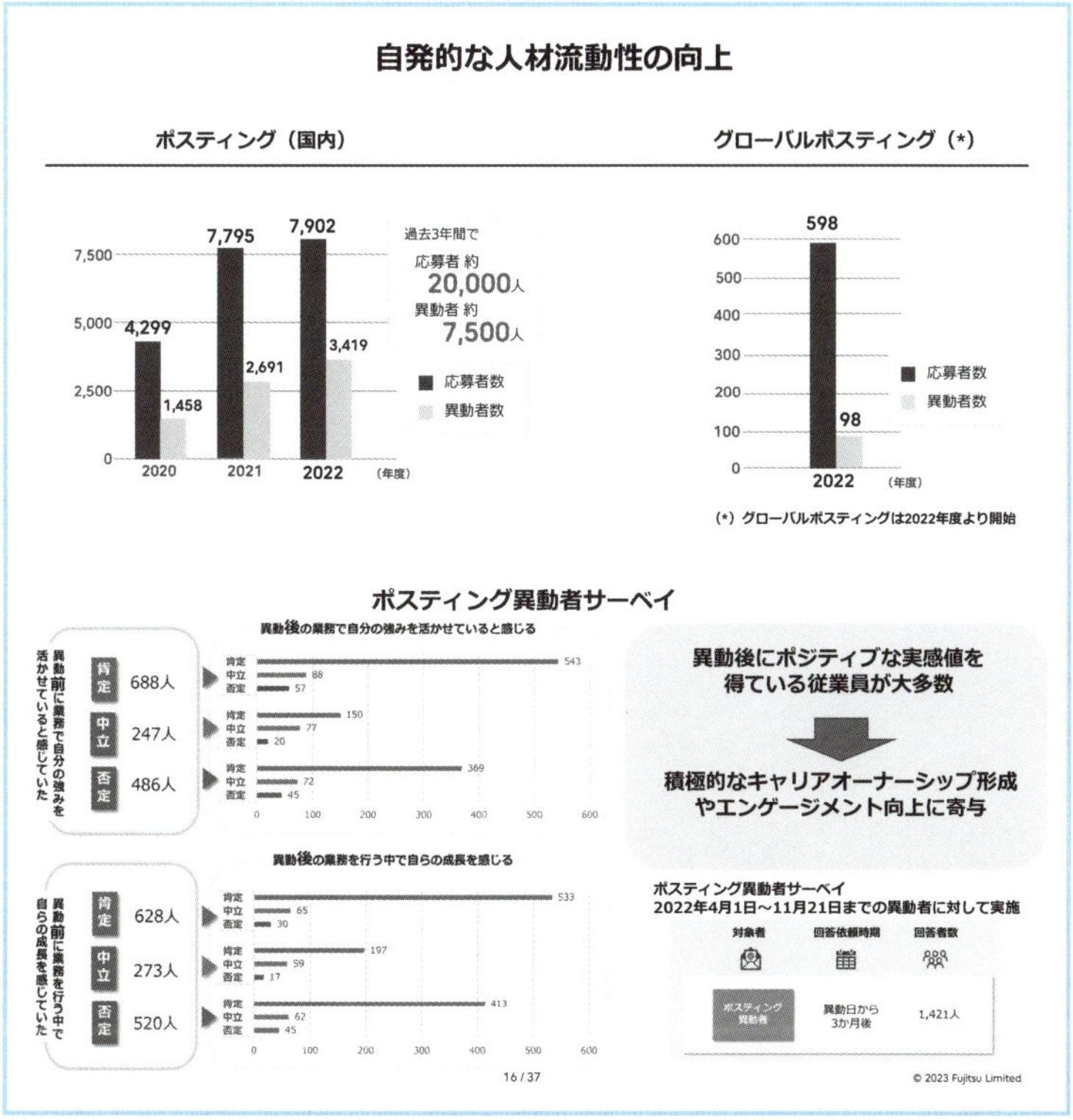

（出所）富士通株式会社「富士通の人的資本経営について」
https://pr.fujitsu.com/jp/ir/library/presentation/pdf/20231012-01.pdf

同社には約8万人の社員がいますが、**毎年8000人ほど、すでにのべ2万人が手を挙げている**そうです。そのうち**実際に異動した人の数は7500人**にのぼります。

同社は、「応募者数＝中間KPI」を増やすことに徹しました。

応募者が増えれば、社内の雰囲気が変わります。とくに、「3割勢力＝クリティカル・マス」（富士通でいえば、約2・4万人）が手を挙げるようになれば、不可逆的と言っていいほどの変化が訪れることは想像できるでしょう。

このような流れをつくる際にこそ、「中間KPI」を軸にした施策が功を奏します。

ところが、多くの企業の統合報告書などを見ると、**なぜかKGI的な、この例でいえば「異動者数」にあたるような数値のみを開示して終わっていることが多い**のです。

ほとんどの企業が、その手前の「応募者数」を数値化して追いかけるといったことに思い至りません。「中間KPI」を追いかけてもいないし、「中間KPI」を設定すらしていないのです。

これも、もったいないと思います。

中間KPIはなるべく「カジュアルなもの」で「独自の指標」にすべき

これまでいくつかの「独自指標」と「比較可能指標」を例示してきました。

本節では最後に、それらの指標を**「なるべくカジュアルで、かつ独自性の高いもの」に設定すべき**、という話をします。

カジュアルな指標とは、**なるべく多くの人がかかわることができて、各人がより気軽に取り組むことのできる指標**を指します。

たとえば、前節で富士通の事例を紹介しましたが、その際に出てきた指標、異動の「応募数」と実際に異動した「異動者数」ではどちらが「よりカジュアル」かといえば、前者になります。なぜなら、異動の願いが叶うには人事の判断が必要で、そこには個人の努力ではなかなか動かしがたい側面がありますが、「応募をするだけ」なら誰にでも気軽にできるからです。

カジュアルな指標のもとで施策を行えば、より多くの人を取り組みに巻き込むことができます。すると、クリティカル・マスが生まれる可能性が高まるでしょう。また、富士通の事例のように「自ら異動を願い出て、応募する」という作業を経ることで、一人ひとりの従業員の主体性を引き出すこともできます。

多くの人が参加しやすいこと、誰もが挑戦しやすいことを「中間KPI」にし、変化を追ってください。

本人の意思ですぐに挑戦できるものがいいでしょう。そのほうが「変化」もわかりやすくなります。

そして、これはこれまでの事例に共通していることでもありますが、**「中間KPI」は、なるべく自社の戦略に沿った、独自のものを設定**してください。

もちろん、他社と共通した指標があってもいいのですが、そもそも**経営課題は厳密には各社で必ず異なってくるはず**です。

当然、それに見合った課題解決法も「中間KPI」も、せんじ詰めれば「自社独自のもの」が生まれるはずです。それを「中間KPI」にして追いかけてほしいと思います。

そうすれば、株主などは「この会社は自社の課題をよく理解し、真摯にそれと向き合っているな」と思うものです。**社員も、会社の「本気さ」を感じる**でしょう。

STEP 4 インプット・アクション（個人とカルチャー・集団への投資）

人的資本にかかわる課題の解消に必要な施策とKPI、KGIを設定したら、次に行うべきは**「それらの課題解消のためにどんな投資をするか」**という議論です。

この投資には2種類があります。

ひとつが、個人のスキルや経験などへの投資、つまり**「個人への投資」**。ここには、リスキリングやキャリアプラン構築などが入ってくるでしょう。

もうひとつが、個人のスキルや経験、意思をうまく束ねて組織力にするための**「カルチャー・集団への投資」**です。

第5章でも、人的資本経営の軸となるのは「カルチャー」であるという話をしました。ただし、ここでは両者を厳密に定義して追求する必要はありません。

ざっくり「個人への投資」と「カルチャー・集団への投資」というイメージで捉えて、どんなところに時間やお金を割くべきかを議論してください。

その際に、個人が持つスキルやノウハウを企業として束ね、「組織的人的資本」に転換して企業価値を向上させていくことだけを意識していただければ問題はありません（『組織的人的資本』って何だっけ?」と思われた読者は132ページを参照してください）。

STEP ⑤ アウトカム（実践、そして成果の確認）

最後に、獲得したいアウトカム（成果）を確認します。

STEP①で「理想」を設定しましたが、その内容をより具体化したものが「成果」です。

ここまでである程度明確になった「課題」「施策」「投資内容」などをすべて実践します。そして、**その結果としてどのような成果が得られたか、その中身を検討していく**のです。

もちろんその際には、STEP①で確認したパーパスなどとその成果がどのように結びついているかを意識してください。**施策や成果は、すべてパーパスなどを実現するためのもの**だからです。

この意味でSTEP⑤は、STEP①で設定した内容とズレていないかというチェックに「常に」さらす必要があるといえます。

立ち返るべき場所は、いつもSTEP①の「理想」です。

経営会議でトラッキングしながら必要に応じて「中間KPI」の再設定を

ところで、施策を決めて「中間KPI」を達成し、数字の変動が生まれなくなり、焦点にしていた課題が解消されたときに「『中間KPI』はどうすればいいですか？」と質問されることがよくあります。

結論から言います。

その場合は、**「中間KPI」を設定し直し、指標を入れ替えてください。**

「えっ？　そんなことしていいの？」とリアクションする人が多くいます。一度掲げたKPIはずっと追いかけて開示しつづけなければならないと思っているのです。

たしかに、比較可能な指標であるKGIや財務三表であれば、継続性が重要なので、永久に開示が必要かもしれません。

しかし、**数字が動かなくなった中間KPIは追いかけても意味がありません。**

だったら早く手放したほうがいいのです。

別の課題を見つけて、「新しいKPI」を設定して追求したほうが生産的です。

前述のとおり、KPIはどこまでいっても「変化」する数字を据えることで意味を持ちます。そのため、**KPIは常々トラッキングして、KPIとしてこれからもふさわしいかどうかを吟味する必要がある**のです。

その判断を下すのは、案外難しいもの。

それゆえ、私は経営会議などで議論を尽くすことをすすめています。

経営会議というと、KPIの達成状況を報告して終わり、ということになりがちです。それで満足してはいけません。

数字の内実を確認してください。エンゲージメントサーベイや、パルスサーベイなどのデータから課題が見えてこないかどうか吟味してください。また、その「中間KPI」でどんな変化を起こそうとしているのか、その変化のためにふさわしいKPIを本当に設定しているのか、といったことを何度も確かめてください。

そういったこともせずに、ただ「中間KPI」の経過報告だけを聞く、というようでは、結局「3年経っても何も変わりませんでした」となるのが関の山。

そうならないように、丁寧な検討のあとに、必要に応じて中間KPIを再設定しましょう。

各STEPの解説は以上です。

この5つのステップを地図にしていただくことで、「あれ、いまどこの部分の話をしているんだっけ」といった迷いが生じにくくなり、それだけ効率よく、的確に、人的資本経営を実行することができるようになります。

また、5つのステップを実践して析出した「わが社の理想」「現状」「課題」「施策」「投資内容」はこれ以降の議論の「たたき台」にし、実践過程で得たフィードバックや新たな知見をもとに議論を重ね、アップデートしていってください。

すると、それが経営健全化の道標にすらなります。

ぜひ活用してみてください。

第　章

「選りすぐりの先進事例」から学ぶ人的資本経営

第6章では、人的資本経営をあなたの会社に実装するためのフレームワークや実践プロセスを提示しました。検討すべき点や堅持すべき視点がかなり多いことがおわかりいただけたかと思います。

本章では、**実践にあたってとくに参考になる事例、ベストプラクティスをまとめて紹介**します。これまでの議論がなかなかイメージに結びつかなかった人も、本章を読めば「そういうことか！」と膝を打つかもしれません。

さっそく、**目指すべき人的資本経営の好事例**に触れていきましょう。

「模範的な人的資本開示」のポイント4点

いま現在、名だたる企業、多くの企業が「時代の変化に対応するため」に自らも変化を起こしています。

その変化は、ただ奇をてらえばいいというものではありません。**「自社にとって本当に価値のある変化」を起こすことが大切**です。

もちろん、「自社にとって価値のある変化」が「他社にとっても価値のある変化」にな

ると は限りません。

しかし、**さまざまな開示事例を参照することで、そもそも企業に「どんな変化を起こし得るか」を知ることができます**。

その多様さ、幅広さは、おそらく想像を超えるものになっているでしょう。

それらを知り、「変化」への想像力を培うことで、あなたの企業にとっての「価値のある変化」が何なのかを検討する際の議論が深まりやすくなります。

まず、「模範的な人的資本開示」には共通する4つのポイントがあります。

①経営戦略上、人的資本経営が「必要」「必然」であることを明示している
②現状報告で終わらずに、ユニークな視点から今後の変化にも言及している
③多くの人を巻き込める独自のKPI、そしてその結果として目指されるべきKGIを設定している
④KPIを必要に応じて入れ替えている

そして、この4点を備えている模範例として最初に挙げたいのは、**丸井グループ**です。

4点を、それぞれ同グループの人的資本経営の実例を見ながら解説していきます。

1 経営戦略上、人的資本経営が「必要」「必然」であることを明示している

まず人的資本開示の全体構成として、丸井グループは次の〝三段論法〟を採用しています。

> **時代の変化に合わせて事業構造やビジネスモデルを変える必要がある**
> ←
> **いま私たちは時代に応じるための変化を起こしている**
> ←
> **そのために人材面でこの変化を起こしている（これから変化させていくことを考えている）**

これによって**「会社を成長させるための合理的な判断として人的資本経営を選択しているのだ」**ということを説明しているので、たいへん納得感があります。

実際、丸井グループは図7-1のように、時代に合わせてビジネスモデルを変化させる必要性を訴えています。

従業員は安閑としていられません。仮に「うちは小売の会社だから」と思って変化を考えもしなければ、成長は望めないでしょう。

図7-1 丸井グループが掲げるビジネスモデルの変化の必要性

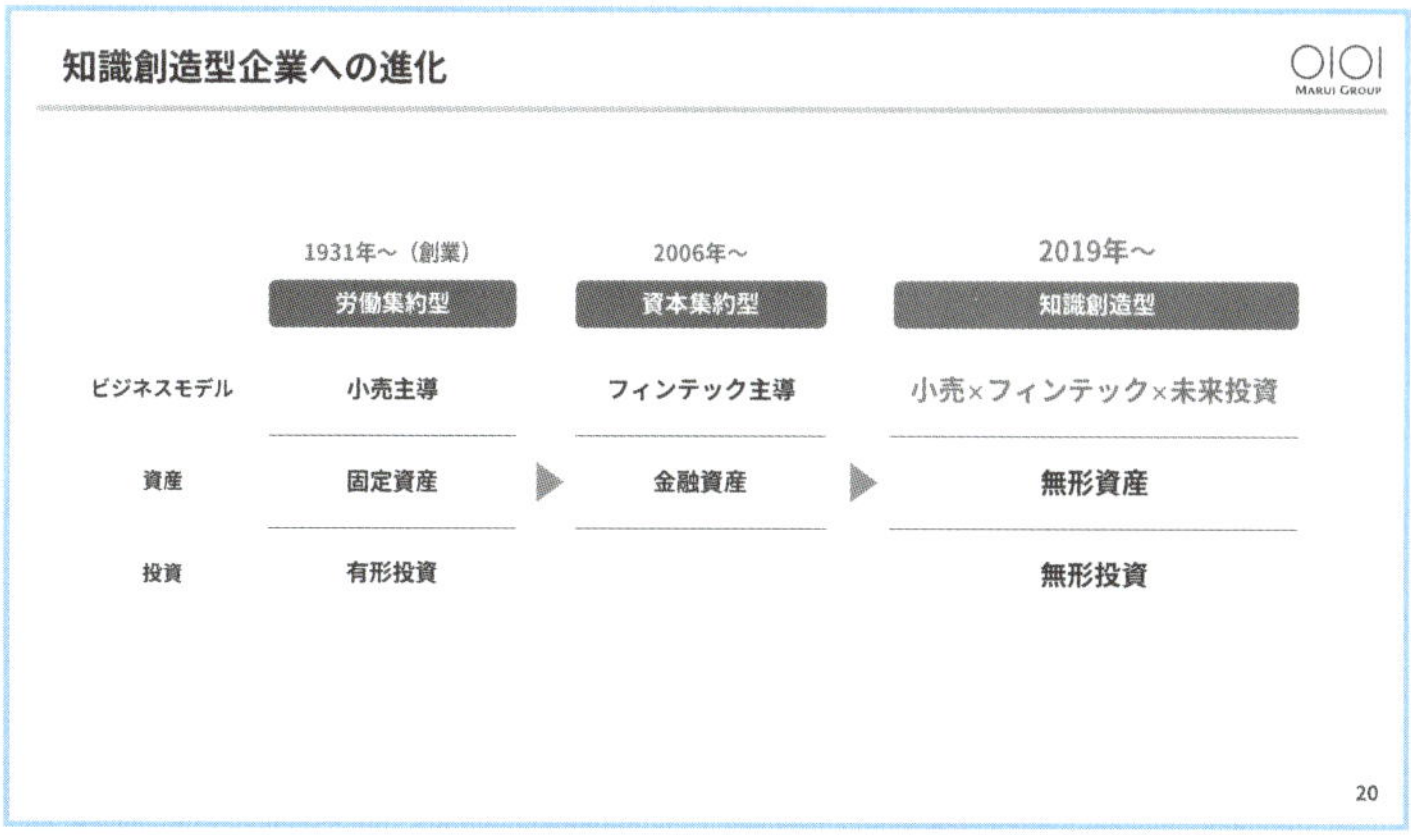

（出所）株式会社丸井グループ「丸井グループの人的資本経営 #1」
https://www.0101maruigroup.co.jp/ir/pdf/others/h_report.pdf

だから同グループは、「人も変わらなければならない」と決めて、「人的資本経営」を語りはじめたわけです。

次ページの図7-2を見てください。

「『店舗に投資する』ことと『人に投資する』ことのどちらが投資効率的に『よい』といえるか？」を同社は問い直し、その結果として、計算上「人に投資したほうが儲かる」ということを提示しました。

これまでだったら、店舗を改装するなど設備投資をしていた――それが小売業の「勝利の方程式」であり鉄板だった――ところを、大胆に変更して、人に投資しようというのです。さらに**投資効果を計算し定量的な理由もつけています。**

これは相当に画期的です。

図7-2 人的資本投資と有形投資（店舗・設備など）の投資効率を計算し比較

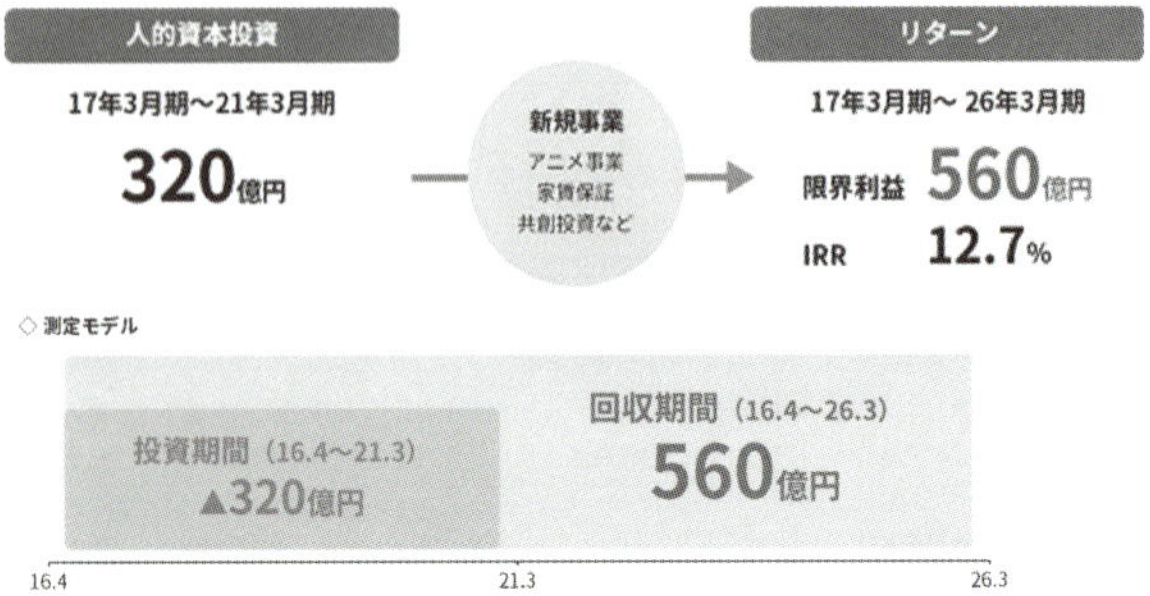

（億円）

	17.3	18.3	19.3	20.3	21.3	22.3	23.3	24.3	25.3	26.3
投資額	41	54	81	85	63	-	-	-	-	-
収入	1	4	15	26	34	47	62	86	124	159

▶ IRR 12.7%

また、人的資本投資のＩＲＲ12.7%は、店舗などを中心とした有形投資のハードルレートである10%を上回っています。したがいまして、今後は実効性を高めつつ人的資本投資を５年間で650億円以上に拡大することで、高効率な経営を実現します。

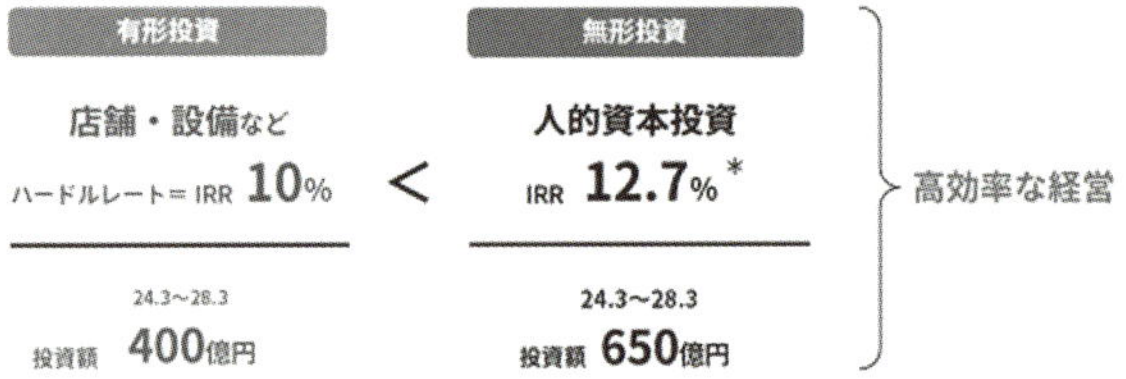

＊ 人的資本投資により創出された当社独自の新事業・サービスによる限界利益をリターンととらえ投資対効果を算定（投資期間：17年3月期～21年3月期 ― 回収期間：17年3月期～26年3月期）

（出所）株式会社丸井グループ「有価証券報告書（第88期）」
https://www.0101maruigroup.co.jp/pdf/settlement/0240gfe0.pdf

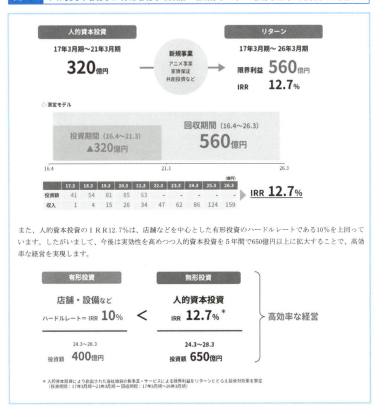

このようにして丸井グループは、人的資本経営の必然性を語っています。

2 現状報告で終わらずに、ユニークな視点から今後の変化にも言及している

続いて私が注目したのは、同グループの人的資本開示が非常に「ユニーク」だという点です。

「ユニーク」とは、物珍しいことを言っている、という意味ではありません。**「自社にとって本当に意味のある課題・KPI設定や施策をとっている」**ということです。

もちろん、それらはデータに裏づけられていたほうがいい。自社固有のデータにもとづいて独自のKPIなどを定めるべきです。

そのうえで、企業のなかには統合報告書やヒューマンキャピタルレポート（＝人に関する考え方や施策などに特化した報告書）で、ひたすらデータを膨大に提示して、それで満足してしまっているところが多くあります。

データを羅列し、施策を羅列して、それで人的資本開示がちゃんと成立していると思っている。いわば「足元の現状を明らかにすること」、そして現状報告で筆をおいてしまっているのです。

これは、じつは**「ありがちなレポート」の体裁**です。

しかし、同グループはいい意味でそういった「ありがち」を裏切り、「本当に中身のあるレポート」を公開しています。そこでは、「未来を実現するために必要な変化」が語られています。

当然ですが、「足元の現状を明らかにすること」は必要な作業です。現状のデータもどんどん出してください。

ただ、**ウェイトはあくまでも「未来を実現するために必要な変化」を語ることに置いてほしい**。それを明示することで、人的資本開示は信頼性を高めます。

3 多くの人を巻き込める独自のKPI、そしてその結果として目指されるべきKGIを設定している

たったいま私は、丸井グループについて「本当に中身のあるレポートを公開している」と書きました。

ここでさらに、どんな点を踏まえることで「中身がある」と言えるものになるのかについて見ていきます。同社は、「決算短信」や「有価証券報告書」などとともに、「人的資本経営」に関する情報をＩＲサイトに〝別冊〟で公開しています。それには理由があります。

220～221ページの図7-3のグラフを見てください。

このグラフは同グループの1株あたり当期純利益（EPS）を経年で示しており、2009年と2011年に大赤字に転落し、経営危機を経験していることがわかります。

そこから、当時の青井浩社長がカルチャー変革に取り組みました。それは、一言でいえば〝古い企業文化〟を変える挑戦でした。

222ページの図7-4は同グループの中期経営推進会議の写真です。

上の写真は、2008年時の会議の様子です。

全員がグレーや黒のスーツを着ていることからわかるように、丸井グループのカルチャーはかなり「お堅い」ものでした。しかも、会議の参加者のほとんどが男性です。少なくない人がつまらなそうにし、寝ている人もいたそうです。

下の写真は、直近の会議の様子です。

女性も大勢、中期経営推進会議に参加するようになりました。多様で活気ある雰囲気に変貌したことが、写真からも見てとれます。

どうしてこのような変化を起こせたのでしょうか。

試行錯誤の末にたどり着いたのが、**「手挙げ制度」**だったといいます。

それまでの中期経営推進会議は、参加者が固定だった。それを、あえて参加希望者に手

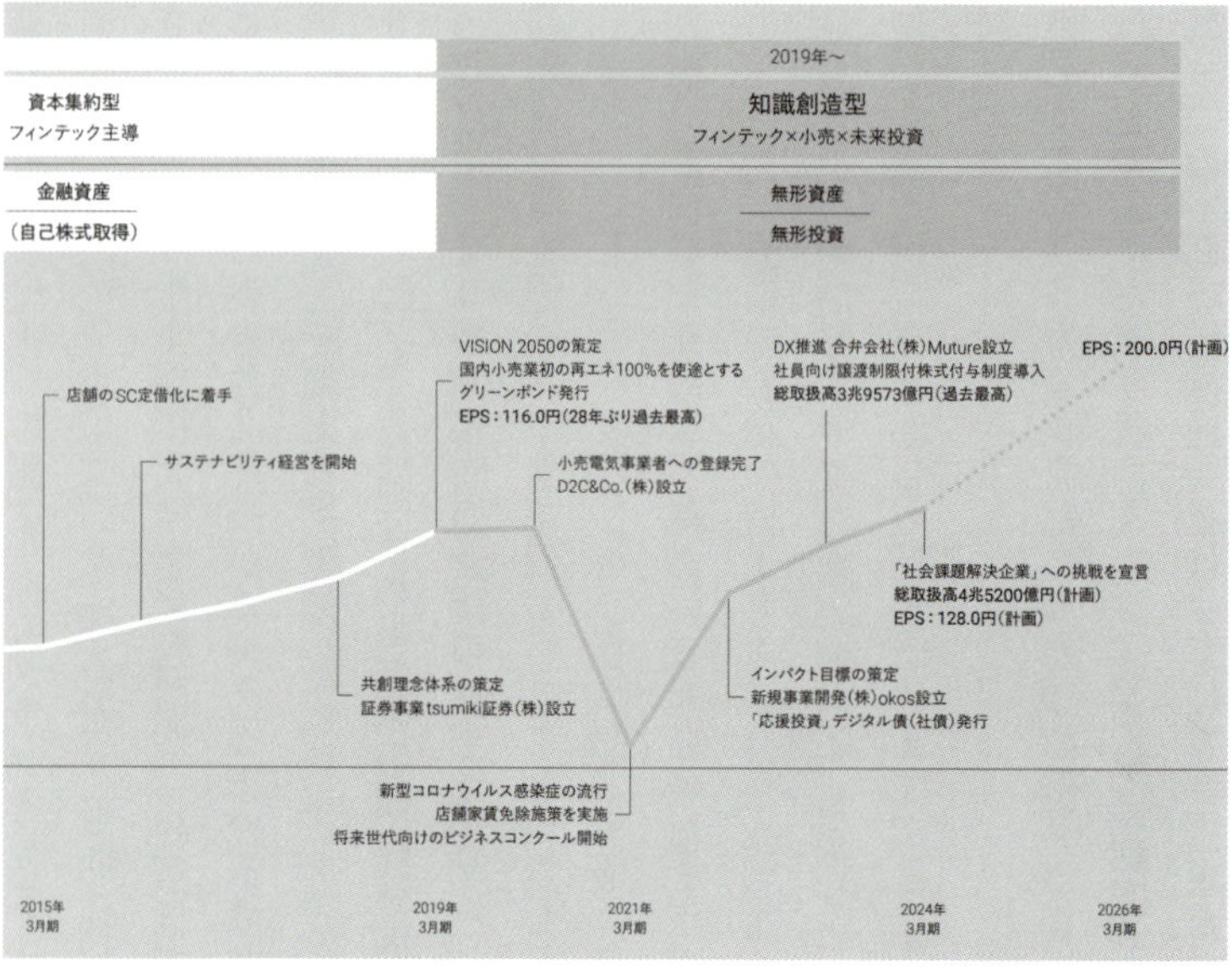

を挙げさせて、会議にその人たちだけを招くというスタイルに変更したのです。

最初は、みながお互いの顔色をうかがいつつ慎重に手を挙げていました。

現在は、定員300人の会議に毎月1000人ほどの社員が手を挙げるようになっています。

また、丸井グループは、先に論じたように「カジュアルな『中間KPI』を設定する」ということも実践しています。「手を挙げる」という、社員が挑戦しやすい比較的「軽い」行為、すなわち「カジュ

図7-3　１株当たり当期純利益（EPS）の経年推移

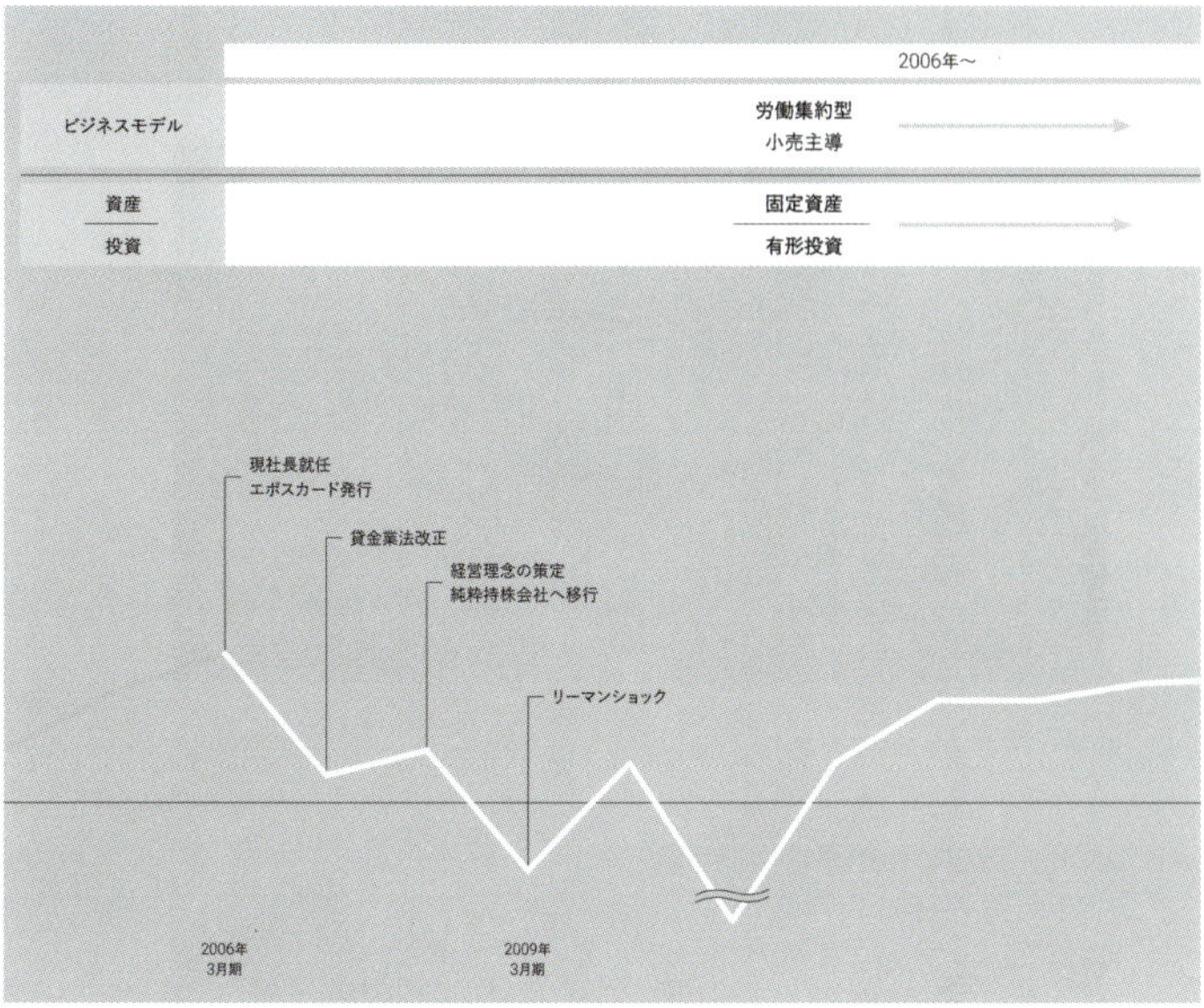

（出所）株式会社丸井グループ「共創経営レポート2023」
https://www.0101maruigroup.co.jp/ir/pdf/i_report/2023/i_report2023_a3.pdf

アルなもの」を指標にしているのです。

「手を挙げて選ばれること」ではなく、「手を挙げることそのもの」を目標にすれば、社員にとってはリスクが少なく、社内評価にもつながることから次々と挑戦するようになります。「中間ＫＰＩ」の数字にも変化が起きやすくなります。

　多くの社員が手を挙げるようになったので、中期経営計画会議の参加には、現在は論文審査を設け、いい意味での競争意識も芽生えるようになりました。

図7-4　2008年／直近の中期経営推進会議の様子

手挙げの文化：08年当時の中期経営推進会議

OIOI
MARUI GROUP

13

手挙げの文化：現在の中期経営推進会議

OIOI
MARUI GROUP

＊新型コロナ感染拡大以前の様子を含む

14

（出所）株式会社丸井グループ「丸井グループの人的資本経営＃1」
https://www.0101maruigroup.co.jp/ir/pdf/others/h_report.pdf

その成功を活かして同グループは現在、社外のビジネススクールへの派遣、次世代経営者育成プログラムや新規事業などへの参画、昇進試験、グループ間の職種変更異動希望なども、すべて「手挙げ制度」にしたといいます。

これによって、**3年間で職種変更率が77%にまで高まりました。また、異動後に成長を実感したという人の割合は86%にものぼっています**。

なぜそうなるかというと、「手を挙げる」という自発的な行為自体が、本人の責任感などを強めるからです。会社命令の本人の希望と異なる異動とは、意欲が大きく異なります。たとえば、自分で「IT部門に行きたい」と言って手を挙げたら、事前に勉強をし、成長実感も得やすくなるでしょう。

次は、次ページの図7-5を見てください。

こちらは、丸井グループが示した氷山モデルです。

海面上に出ている「企業価値」は、海面下（見えにくいところ）にある「人の成長」「企業文化」「企業理念」という「人的資本」に支えられている――丸井グループは、経営危機の経験を通じて、それを骨身にしみて体感しました。

「人の成長」＝「企業の成長」だと考え、次第にこれが丸井グループのDNAになって

図7-5 企業理念と人的資本の考え方

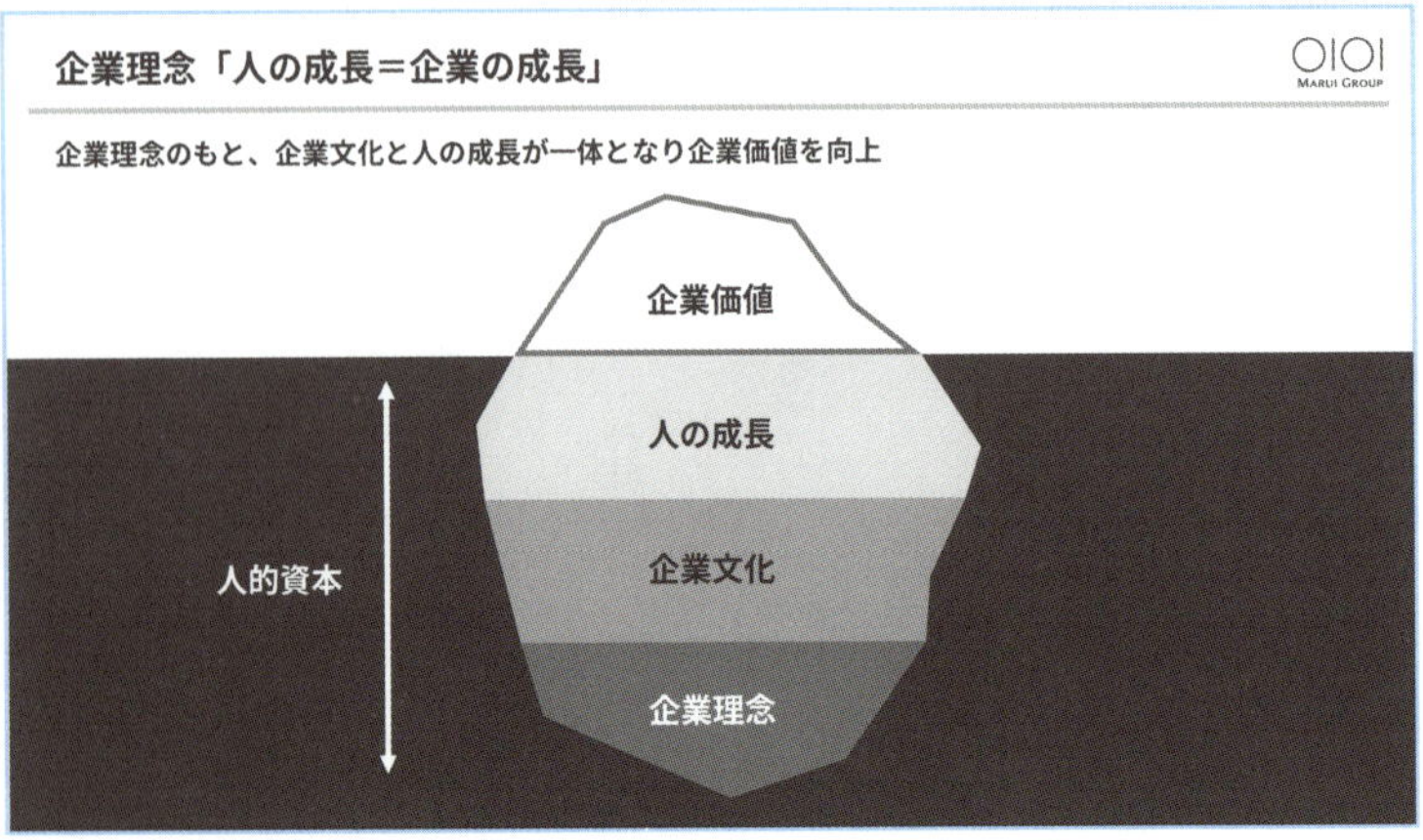

（出所）株式会社丸井グループ「丸井グループの人的資本経営＃1」
https://www.0101maruigroup.co.jp/ir/pdf/others/h_report.pdf

いきます。

たとえば、彼らは思うわけです。「自律的な組織をつくりたい」と。「そのためには、社員の自主性を引き出す必要がある」と（こういったことを具体化して目標に据えると、それがKGIになります）。

そして、「手挙げ制度」をはじめ大小さまざまな施策を実施して、企業風土を少しずつ変えていったのです。

現在の同グループでは、グループ連結4435人のうち、年間で手を挙げる人の割合が82％にのぼるといいます。

これをKPIに設定したことが、**グループ内の「挑戦する気風」を醸成しました**。

また彼らは、グループ内にさまざま

な事業が存在しているという利点を活かして、**多くの社員が3年に1回、手挙げでジョブチェンジできるという仕組み**も採用します。

たとえば、「小売」をしていた社員が「証券会社をつくりたい」「ベンチャー・キャピタルをやってみたい」と思ったら、実際にそうできるという環境を整えたわけです。

私が丸井グループの社員にこの制度の話を聞いた際、

「おかげで社内転職しているような感じになる」

「だから飽きない」

「さまざまな機会を会社に与えてもらったから恩返ししたい」

と語っていたことが忘れられません。

そして同グループは、ジョブチェンジの制度についても手を挙げる人の割合をKPIとして追いかけはじめました。

このように自社独自のKPIを設定するところに丸井グループの強さがあります。

4 KPIを必要に応じて入れ替えている

最後は、第6章でも解説した、**「KGIは変えてはいけないが、KPIは必要に応じて**

入れ替える」という話です。

たとえば丸井グループは、「手挙げ制度」が80%を超えて企業カルチャーレベルにまで浸透しています。そこで、新しい指標として**「打席に立った回数」、つまり、何らかのチャレンジや試行錯誤をしたという回数をＫＰＩとして取りはじめました。**

これは**「失敗を許容し、挑戦を奨励する」文化を育むため**のものです。

「手挙げ」、つまり意思表明をするだけの項目が当初はＫＰＩになっていましたが、同グループは、全社員が3年で５０００回の「打席に立つ」を選択するという新たなＫＰＩを設定しました。「打席に立つ」という「実行」をともなうものに変化させたわけです。

これは、一人あたり3年に1回は挑戦をしたと自覚しているという数字になります。

なぜＫＰＩを変えたかというと、ある程度高止まりして変化が見られなくなったＫＰＩは、大きな変化を伝える指標としては、使えなくなってしまうからです。

それなら、変化が見込めるＫＰＩに大胆に置き換えましょう。変化をさらに起こすためのＫＰＩを設定しましょう。同グループは、これをやっています。

ちなみに彼らは、統合報告書で「フロー理論」にもとづく指標を提示しはじめました。

独自の指標で算出した「挑戦レベル」と「能力レベル」の両方が高い社員を「フロー状

図7-6　丸井グループの目指す姿

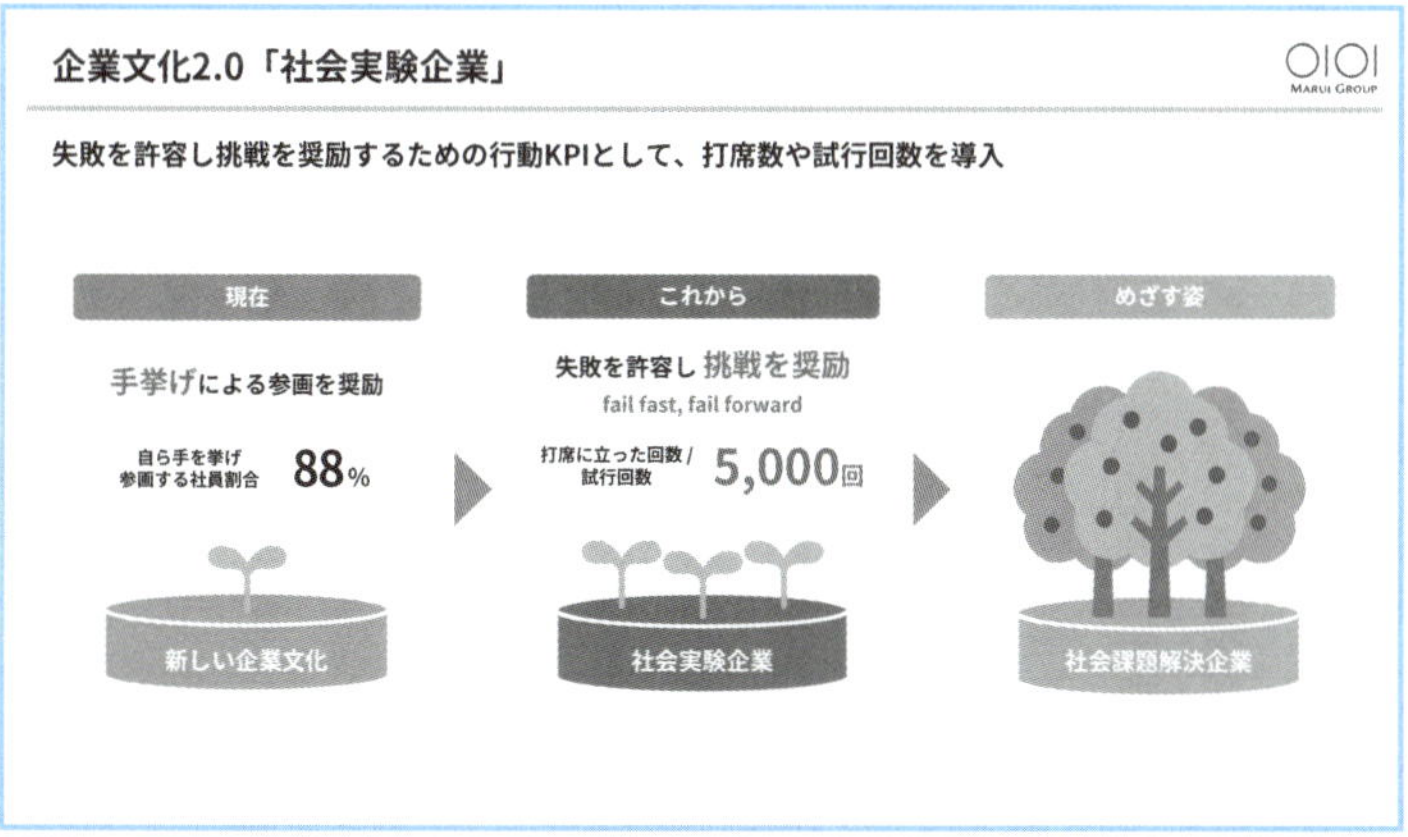

（出所）株式会社丸井グループ「有価証券報告書（第88期）」
https://www.0101maruigroup.co.jp/pdf/settlement/0240gfe0.pdf

態の社員」と定義し、そのメンバーの割合を、現在の42％から、60％に（2030年までに）増やすというのです。

いくら時代の変化に応じて新しい事業を起こすといっても、新しい人材や能力ばかりを求めていてはうまくいきません。そこで彼らは、そもそもの全社員の能力の「底上げ」にも取り組みはじめたのです。

フロー理論とは、米心理学者のミハイ・チクセントミハイが提唱した考え方です。

ある活動に完全に没頭し、集中できている心理状態（フロー）であれば、人は充実感や満足感が高くなるというのです。そのとき、その人が持つ力が最大限に引き出されるため、フローは「最適経験」

とも呼ばれます。

従業員がフロー状態で仕事ができれば、生産性も上がるし、職場に活気が生まれるのではないか。この仮説にもとづいて、丸井グループは改革を進めています。

おもしろい取り組みですよね。

このように、人的資本経営のプロセスのなかで新しいＫＰＩが必要になったら、それは積極的に設定してください。

ここまで、丸井グループの事例を詳細に見てきました。

以降は、ユニークで実のある事例を、さまざまな切り口で短めに紹介していきます。多くのケースに触れることで、よりはっきりとしたイメージをお持ちいただけるはずです。

事例

「キータレントマネジメント」という独自の後継者育成 ──三井化学

まず、サクセッションプラン（＝後継者育成計画）に工夫をこらしている好例としてあげたいのが、三井化学株式会社です。

図7-7　三井化学の「キータレントマネジメント」

Gap 1-1 キータレントマネジメント

— 多様性に富む経営者候補 —

キータレントマネジメントは、将来の経営者となり得るリーダー候補一人ひとりの「キャリア」「個人の興味・志向性」「育成計画」を議論する文化を、当社グループの組織内に根付かせた取り組みであり、2016年度からグループ・グローバル共通の仕組みとして導入しています。

2022年度は、社長をはじめCxOや本部長、各事業部・部・室長等、経営幹部全員が参加する全社および部門別人材育成委員会を計14回開催し、その中でグループ社員全体の約1.5%にあたるキータレントの個別育成計画を策定しました。また、全社戦略遂行上重要な「戦略重要ポジション」や、経営者候補の戦略的な育成を目的とした「育成ポジション」を全社人材育成委員会で認定し、約120程度のポジションの後継者計画を作成しています。グループ全体から選別された、経営者候補(約0.5%)のうち、2022年度の「多様化率」は、約20%となっています。

また、「戦略重要ポジション」については、「後継者候補準備率*」を非財務KPIとして設定し、後継者計画の品質および実効性について、経年で定性・定量的に評価をしています。2022年度の「後継者候補準備率」は211%と、前年度比で22ポイント低下しましたが、これは、新たにCxOポジションを「戦略重要100ポジション」に追加したことが要因です。常に、1ポジションに2名以上が後継者候補としてノミネートされている水準(200%以上)を維持することを目指しつつ、今後は、候補者のレディネス(準備度合)もモニタリング・マネジメントしていきます。

こうしたキータレントマネジメントの取り組み状況については、コーポレートガバナンス・ガイドラインにおいて、取締役会に毎年度報告する仕組みとしており、社外取締役からの指摘事項を踏まえ、施策の実効性を担保しています。

キータレントマネジメントの仕組み

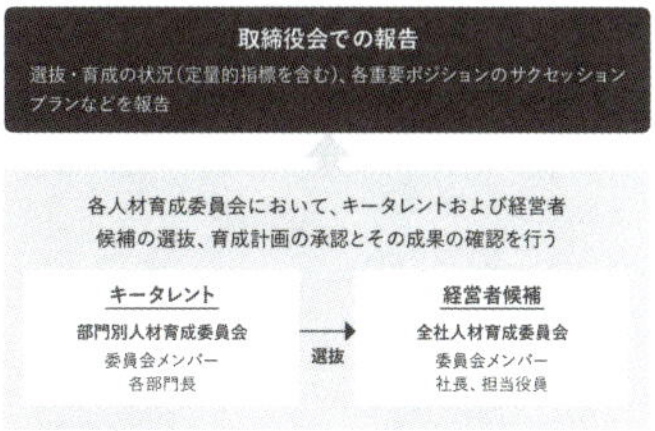

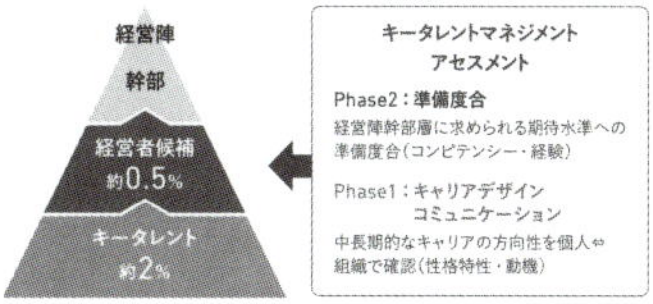

戦略重要ポジション後継者候補準備率*

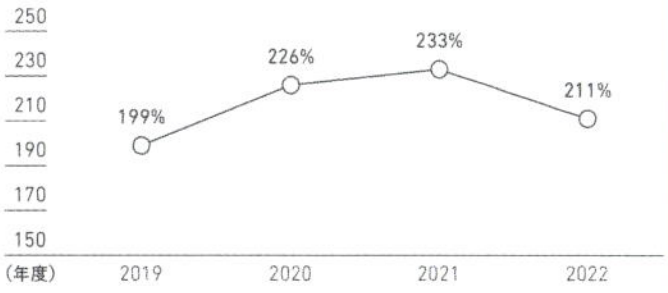

* 後継者候補準備率：
戦略重要ポジションに対する後継者候補数 ÷ 戦略重要ポジション数×100

(出所) 三井化学株式会社「三井化学レポート2023」
https://jp.mitsuichemicals.com/content/dam/mitsuichemicals/sites/mci/documents/ir/ar/ar23_all_web_jp.pdf.coredownload.inline.pdf

同社は**「キータレントマネジメント」**という施策を行っています。

キータレント、つまり**「将来の経営者となり得るリーダー候補」**たち（グループ社員全体の約2％にあたる）を特別に育成していくというのです。

また同社は、戦略を遂行していくうえで外せない「戦略重要ポジション」や、さらなる選抜を受けた経営者候補たち（グループ社員全体のおよそ0・5％にあたる）を育てることを目的とした「育成ポジション」を120程度定め、各ポジションの後継者を個別具体的に育てています。

これだけでも、ユニークな取り組みだと思われた人がいるかもしれません。

ですが、おもしろいのはここからです。

先に述べたおのおのの「戦略重要ポジション」には**「後継者候補準備率」というKPI**が設けられています。

「三井化学レポート2023」の「人材ポートフォリオ」を見てみましょう。

そこには2022年度の「後継者候補準備率」が211％だったと記載されています。

これは、**各ポジションに平均2人以上（200％以上）が後継者候補としてノミネートされている**という状態を示しています。

多くの企業では、後継者といっても、たいていは1ポジションにひとりを候補者として見立てているでしょう。もしくは、次世代の経営を担う人物としては特定の数人のみを候補者としているケースも多いでしょう。

ですが、それではその「ひとり」が転職などで辞めてしまった場合に困ってしまいます。

そこで三井化学は、**1ポジションに2人以上が候補として準備されている状態をつくった**のです。

しかも**「レディネス（準備度合）」**という指標を設定し、候補者の準備がどれくらい進んでいるかをモニタリング・マネジメントできるようにもしました。

この指標が、とても重要です。

世の中の多くの企業は、すでにサクセッションプランのようなものを実践していると思いますが、その効果は限定的なものになってしまいがちです。将来の経営幹部をわずか数人から選び、教育を施してサクセッションプランを実行した、とみなしているからです。

これでは、仮にその対象者が転職などでいなくなってしまったときのバックアッププランがないばかりか、突然、新規サクセッション候補者を新たに探すといった事態に直面したときに対応できない、ということになりかねません。

ここでの処方箋になるのが、三井化学のようにサクセッション候補者に準備ができている人を複数名、確保するための**パイプライン設計**です。

パイプラインとは、**「一般社員→中間層→幹部層→経営層」まで、一気通貫して人材が確保できるライン**を指します。

また、「若い社員が管理職につきたがらない」という現象への対策も必要です。

それを放置していれば、課長や部長になりたいと望む人が少ないため、将来が厳しくなることが予想されます。要するに「人材パイプライン設計」がうまくできないのです。

問題を放置していても、現在「幹部候補者」として選ばれた人がいる世代が幹部になるところまではパイプラインも維持されるでしょう。

しかし、経験の浅い若手層は特別な育成教育を受けておらず、そもそも幹部になる意欲も持っていません。したがって、将来的にはパイプラインが崩壊する可能性もあります。

それを防ぐために必要なのが、「選ばれたメンバーだけ」を重点的に育てるという視点ではなく、**全社員から「管理職につきたい」と思う人を増やすという視点でパイプラインを考える**ことです。

「管理職につきたい」という人、つまり「分母」が増えると、結果的に幹部候補者の質も向上し、パイプラインも強固になります。

そうなれば、事業の永続性も確保できます。

この観点で、三井化学は「レディネス（準備度合）」という指標を設けました。

レディネスにもさまざまな要素がありますが、たとえば「心の準備」もそこに含まれます。「管理職につきたい」と思う心構えを醸成するために、職場環境や企業文化を整えることが求められ、その効果を「レディネス」というKPIで追跡するのです。

これを実現することで、三井化学は後継者育成に対応しています。

事例

事業の変化に合わせて人材ポートフォリオを柔軟に転換
——味の素グループ

みなさんは、味の素株式会社（味の素グループ）が、現在「**バイオ&ファインケミカル（旧称アミノサイエンス系事業）**」**に関わる事業を急拡大させている**のをご存じでしょうか。

バイオ&ファインケミカル事業とは、アミノ酸のはたらきの研究や実装化のプロセスから、さまざまな素材・機能・技術・サービスを生み出してきた同グループが、食品事業に加えて行っている事業です。

たとえば、私の目を引いたのが「**味の素ビルドアップフィルム®（ABF）**」という絶縁材です。

図7-8　味の素グループが目指す事業成長

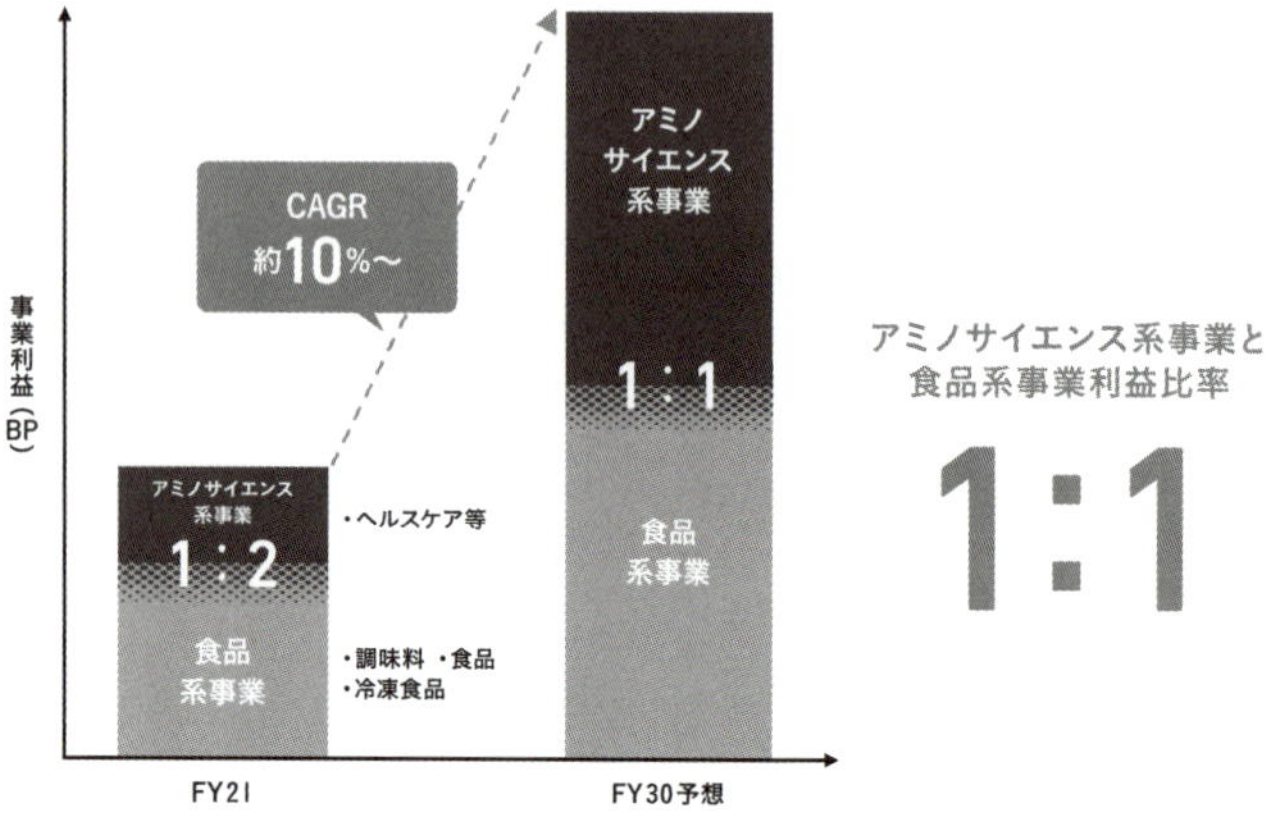

（出所）味の素株式会社「味の素グループASVレポート2023」
https://www.ajinomoto.co.jp/company/jp/ir/library/annual/main/0/teaserItems1/0/linkList/0/link/ASV_Report_2023_J_A4.pdf

パソコンの心臓部であるCPUには、絶縁体という素材が使われます。ABFはその素材のひとつで、なんと、いま全世界の主要パソコンのほぼ100％のシェアに達しているそうです。

味の素の技術が、私たちの身近な機器にも使われているのです。

こういった食品系事業以外の事業に、味の素グループは勝機を見出しています。

2023年に発表されたASVレポート（統合報告書）を見てみましょう。

そこでは2030年までに現在の「食品系事業：アミノサイエンス系事業」の「2：1」という比率を

「1：1」にまで持っていき、さらに大幅に成長させるという構想が示されています。

大変革ですね。

これだけでも驚きの取り組みです。

なぜなら、食品系事業は基本「B2C」ですが、アミノサイエンス系事業には「B2B」の要素も入ってくるからです。

つまり、**味の素グループが長年培ってきた「B2C」に関するノウハウやナレッジを、ある意味で「そのままでは活かせない」領域に、同グループは踏み込んでいる**のです。

すると当然、必要な人材も変わってきます。**「B2B」に強い人材が必要になります。**

そのための人材ポートフォリオも描かなければいけません。

ところが、2023年の有価証券報告書を見てみると、「対話会」や「個人目標発表会」「手挙げ制度」を行っているという記載はあるものの、数字目標がまったく掲げられていない状況でした。

いわばその報告書では、「がんばっています」ということは読み手に伝わっても、**「新しい分野でなぜ勝っていけるのか」がわかりにくい**のです。

しかし、翌2024年の有価証券報告書は変わりました。

まず、同グループは課題を明示します。たとえば、次のような記述がありました。

・食品とバイオ&ファインケミカル、地域、ジェンダー、キャリア等を融合するダイバーシティ・エクイティ&インクルージョンの考え方の下、クロスセクショナルチームで取り組み、イノベーションを共創する力の強化

・創業以来、大切にしている価値観の一つである開拓者精神（新しい事業、新市場の開拓に常に挑戦し続ける精神）の再活性化

（味の素株式会社　2024年3月期「有価証券報告書」[1]）

この2つの課題を覚えておいてください。

そのうえで注目したいのが**数値目標の設定**です。

図7-9のように、その項目がズラリと掲載されています。「2030年までの数字」が非常に具体的に追いかけられるようになりました。

じつは、ここにはさまざまなメッセージが込められています。

まず、**「多様性」の項目**を見てください。

「全従業員の内、キャリア採用で入社した従業員の構成比」という数字が目標として掲げられています。

ここでは、新卒一括採用などで入社した社員に比べ少ない状況にあったキャリア採用で入ってきた社員を「増加させる」意思が明確に表明されています。いまはそれが18%

図7-9 人的資本に関する指標の実績・目標を詳細に開示

(4)指標及び目標

当社は人財戦略の実効性を管理するために以下のとおり、人的資本に関する指標を設定しています。また、2024年度からは挑戦を測る指標の追加を予定しております。

なお、一部の指標、実績、目標に関連する取組みは連結グループ全体で行われている活動ではないため、連結グループでの開示は困難です。そのため、一部の指標、実績、目標については連結グループの主たる法人である味の素㈱を対象としています。

人的資本に関する主たる指標		対象	2023年度実績	目標値	達成時期
志	従業員エンゲージメントスコア（ASV実現プロセスの9設問の平均値）	グローバル	76%	80%	2025
				85%	2030
	持続可能なエンゲージメントスコア	グローバル	85%	90%	
多様性	リーダーシップ層の多様化	グローバル	21%	30%	
	女性管理職比率	グローバル	29%	40%	
		味の素㈱	14%	30%	
	1年間で入社する従業員の内、キャリア採用で入社する従業員の比率	味の素㈱	48%	50%以上（2024年～）	
	全従業員の内、キャリア採用で入社した従業員の構成比	味の素㈱	18%	30%	
挑戦	手挙げでの異動比率	味の素㈱	5%	（検討中）	
	自身にとって挑戦と思えることを1つでも達成できたと答えた人の割合	味の素㈱	（2024年：集計開始）	（検討中）	
従業員Well-being	Well-beingに関するエンゲージメントスコア	グローバル	83%	90%	
	プレゼンティーズム（仕事の生産性）の改善	味の素㈱	74%	75%以上	
	アブセンティーズム（病欠）の低減	味の素㈱	2.4日	1.8日	

（出所）味の素株式会社「有価証券報告書」2024年3月期
https://data.swcms.net/file/ajinomoto-ir/dam/jcr:467c18d9-980d-4ff5-8425-50746000a813/S100TNWR.pdf

で、まず30％に増やすというのです。

そこで味の素は、「1年間で入社する従業員の内、キャリア採用で入社する従業員の比率」という数字も追いかけることにしました。

つまり、全社員に占めるキャリア採用で入社した社員の割合に注目するだけでなく、直近1年間の全採用に占めるキャリア採用の比率にも注目し、現状でも48％とかなりキャリア採用比率を増加させているのです。

これまでは新卒一括採用で入社したプロパーが重宝される文化があったのかもしれません。それを壊すことは、先に紹介した同社の2つの課題のうち、とくにひとつめを解消するための有益な施策となり得るでしょう。

また、キャリア採用された人のなかには「B2B」向けのノウハウを持った人材も含まれます。そういった人を積極採用していくことは、結果的に「アミノサイエンス系事業」の成長を確かなものにすることにもつながります。

そういった**「未来の構想に即した人材戦略」を同グループは考え、このようなKPIに落とし込んで数字で追いかけはじめた**のです。

これが実のある人材ポートフォリオの構築と、課題解決ストーリーです。

もうひとつ、味の素グループが掲げた目標のなかで注目したいKPIがあります。

それは、**「挑戦」の項目**にある**「手挙げでの異動比率」**です。

自ら手を挙げて異動を申し出て、実際に異動した人の割合がいまは5％でしかないというのです。

じつはこの数字はひとつの課題を表しています。すなわち、先に提示した2つの課題の2つめ、「開拓者精神の再活性化」があまり進んでいないということです。

そこで同グループは、社員の挑戦を測るKPIとして「手挙げでの異動比率」を掲げました。

自ら「やりたいこと」のために異動を願い出る、その姿勢を**「開拓精神」**や**「クロスセクショナルチーム結成の指標」**として評価するというのです。

これは、会社からの従業員への重要なメッセージになります。

そのうえで「挑戦」の項目のなかに、もうひとつ、**「自身にとって挑戦と思えることを1つでも達成できたと答えた人の割合」**という、かなりカジュアルなKPIも設定しています。

この数字は、同グループが「挑戦者」だと見なす人材の分母を大きくする役割を担っています。

この目標を設定することによって、何かに挑戦するという行為そのものへの従業員のコミットを増やす、またはその変化を追うことができるようになります。

その結果、多くの人を巻き込めるようになるのです。

このような**二段構えのＫＰＩを用いると、組織に変化が生まれやすくなります**。

このように有価証券報告書を読み解くと、味の素が「バイオ&ファインケミカル」領域の強化を必要としていて、そのために注力している「多様性」と「挑戦」という領域について、前者はわりとがんばっているが、後者はまだまだという現況だと認識していることが伝わってきます。

また、新しい能力を社員に浸透させるために、キャリア採用を急増させて、**そもそも「まったく違う会社に生まれ変わらせようとしている」**ということがわかります。

おそらくキャリア採用の社員が3割を超えたら、そして「自身にとって挑戦と思えることを1つでも達成できたと答えた人の割合」が3割を超えたら、組織の雰囲気はずいぶん変わるでしょう。

事例

「その会社ならでは」のKPIを設定することの大切さ――双日

次に、総合商社・双日株式会社を見ていきましょう。

多くの有価証券報告書を見ていると、ある見方がごっそり抜けている企業が多いことに気づきます。

それは、**「その会社ならでは」という視点**です。

たとえば人材ポートフォリオは、「その会社にどんな人材が必要になるか」が各会社で異なっているため、本来であれば必然的に「その会社ならでは」の指標が必ず含まれることになるはずです。

ところが、そこまで詰め切れていない企業が多い。

この事実を確認したうえで、双日の有価証券報告書を見てみましょう。

次ページの図7-10をよく見てください。**「挑戦指数」**と**「風通し指数」**という指標があります。

図7-10　アウトカムに紐づいた独自のKPIを設定

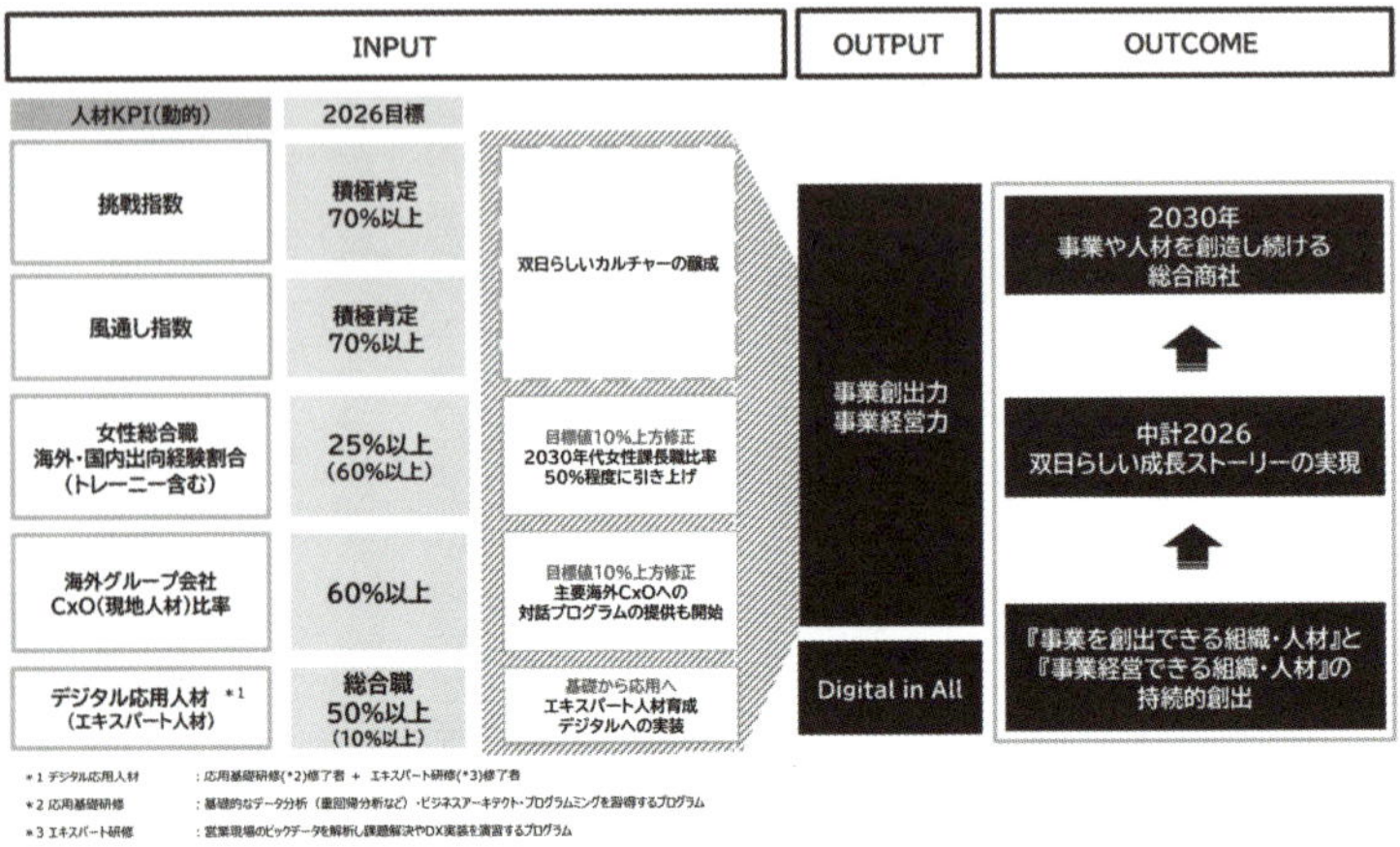

（出所）双日株式会社「有価証券報告書」（P.19）2024年3月期
https://s3-ap-northeast-1.amazonaws.com/sojitz-doc/pdf/jp/ir_202405/reports/vsecurity/20240618.pdf

また女性総合職についても、「**海外・国内出向経験割合**」というものを出しています。

総合職で、かつ出向も経験しているという、いわば「多様な経験をしている人材」を増やそうと考えて、それを数字で追いかけはじめたのです。いずれの指標も、総合商社である双日ならではの指標ですよね。

さらに同社は、海外グループ会社の現地人材の比率も指標として追いかけることにしました。これらの目標値を10％以上上方修正した、との記載もあります。

変化が前倒しに加速しています。

詳細は論じませんが、これは、

双日の経営計画に沿うようにしっかり独自の人材戦略と目標が組まれていることを表しています。

経営戦略と人材戦略が連動しているとは、こういうことです。

同社は、社員の**「事業創出力」**と**「事業経営力」**を育み、**「ヒトの魅力（ちから）」**で**「事業や人材を創造しつづける総合商社」**を目指しています。

そのために、**「多様性と自律性を備える『個』の集団」**を育てると決め、それを相当程度に具体化しています。

既存のカルチャーを因数分解し、そのなかでも**「女性活躍推進」「DE&Iの継続」「エンゲージメントの向上」「風通しのよさ」「挑戦」**に着目して、それらをアップデートするために独自の目標まで設定したのです。

「挑戦指数」と「風通し指数」というのは、おもしろい発想です。

このように、「その会社ならでは」の目標にまで話を落とし込んで、はじめて人的資本経営は地に足の着いたものになります。

事例

「課題の記述」からスタートすると報告書がわかりやすくなる ――エーザイ

次に、製薬大手・エーザイ株式会社を見ていきましょう。CMでもおなじみ、「ヒューマン・ヘルスケアのエーザイ」です。

同社の企業理念は**「患者様と生活者の皆様の喜怒哀楽を第一義に考え、そのベネフィット向上に貢献し、世界のヘルスケアの多様なニーズを充足する」**というものです。それを一言で「ヒューマン・ヘルスケア（hhc）」と表現しています。

そんな同社は、2023年7月に「Human Capital Report 2023」を発行しました。

これはとても画期的なことでした。

なぜかというと、たいていの企業が統合報告書や有価証券報告書に「人的資本に関する考え方」を2～3ページ程度記載することで終わっていたときに、50ページを超えるレポートを出してきたからです（ちなみに、「Human Capital Report 2024」もすでに出されていますが、こちらはさらにページ数が増加し、120ページ以上の分量になっています）。

人に対する熱い考えや社内の関心の高さがうかがえます。

図7-11 冒頭に課題を提示する構成

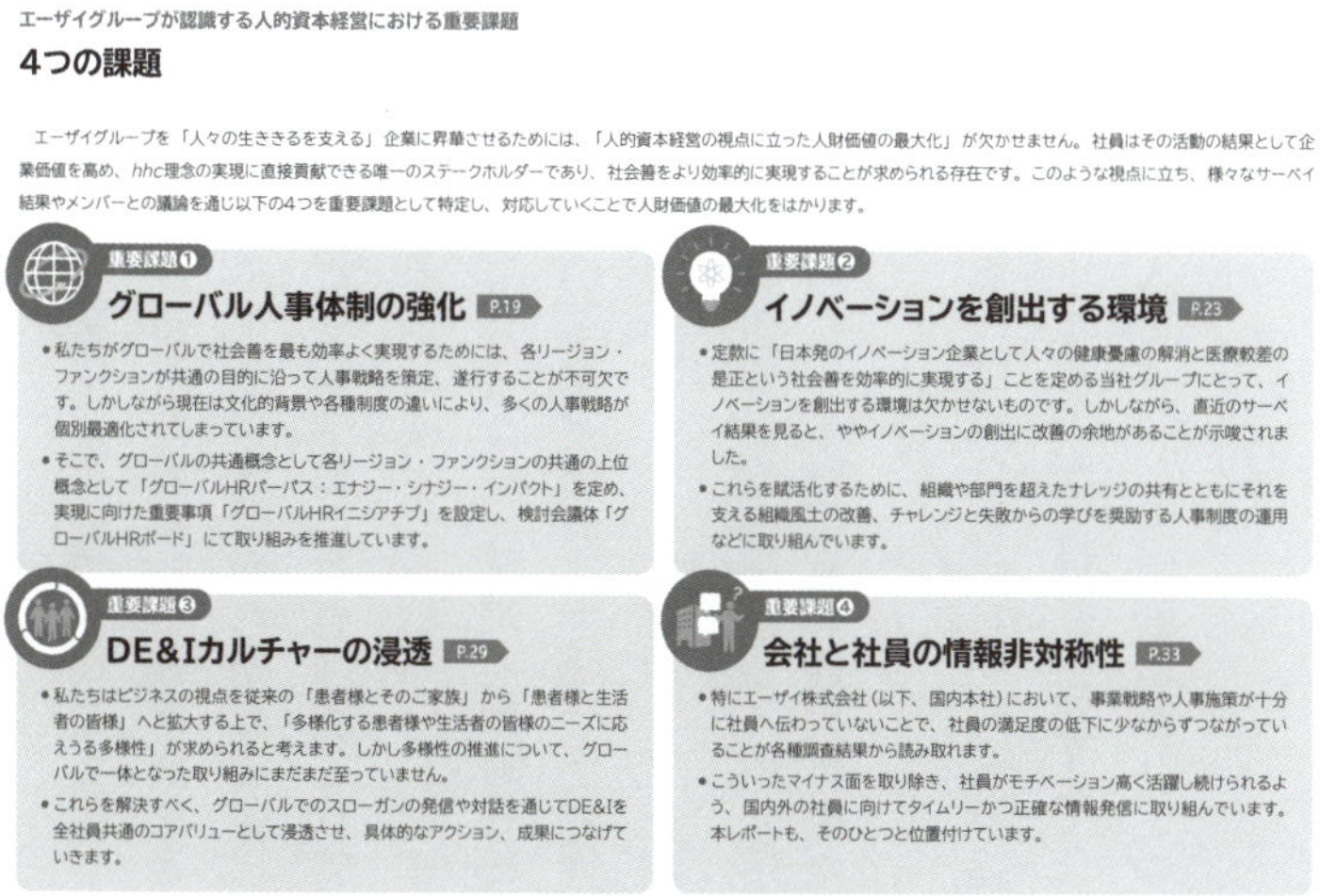

エーザイグループが認識する人的資本経営における重要課題

4つの課題

エーザイグループを「人々の生ききるを支える」企業に昇華させるためには、「人的資本経営の視点に立った人財価値の最大化」が欠かせません。社員はその活動の結果として企業価値を高め、*hhc*理念の実現に直接貢献できる唯一のステークホルダーであり、社会善をより効率的に実現することが求められる存在です。このような視点に立ち、様々なサーベイ結果やメンバーとの議論を通じ以下の4つを重要課題として特定し、対応していくことで人財価値の最大化をはかります。

重要課題❶
グローバル人事体制の強化 P.19

- 私たちがグローバルで社会善を最も効率よく実現するためには、各リージョン・ファンクションが共通の目的に沿って人事戦略を策定、遂行することが不可欠です。しかしながら現在は文化的背景や各種制度の違いにより、多くの人事戦略が個別最適化されてしまっています。
- そこで、グローバルの共通概念として各リージョン・ファンクションの共通の上位概念として「グローバルHRパーパス：エナジー・シナジー・インパクト」を定め、実現に向けた重要事項「グローバルHRイニシアチブ」を設定し、検討会議体「グローバルHRボード」にて取り組みを推進しています。

重要課題❷
イノベーションを創出する環境 P.23

- 定款に「日本発のイノベーション企業として人々の健康憂慮の解消と医療較差の是正という社会善を効率的に実現する」ことを定める当社グループにとって、イノベーションを創出する環境は欠かせないものです。しかしながら、直近のサーベイ結果を見ると、ややイノベーションの創出に改善の余地があることが示唆されました。
- これらを賦活化するために、組織や部門を超えたナレッジの共有とともにそれを支える組織風土の改善、チャレンジと失敗からの学びを奨励する人事制度の運用などに取り組んでいます。

重要課題❸
DE&Iカルチャーの浸透 P.29

- 私たちはビジネスの視点を従来の「患者様とそのご家族」から「患者様と生活者の皆様」へと拡大する上で、「多様化する患者様や生活者の皆様のニーズに応えうる多様性」が求められると考えます。しかし多様性の推進について、グローバルで一体となった取り組みにまだまだ至っていません。
- これらを解決すべく、グローバルでのスローガンの発信や対話を通じてDE&Iを全社員共通のコアバリューとして浸透させ、具体的なアクション、成果につなげていきます。

重要課題❹
会社と社員の情報非対称性 P.33

- 特にエーザイ株式会社（以下、国内本社）において、事業戦略や人事施策が十分に社員へ伝わっていないことで、社員の満足度の低下に少なからずつながっていることが各種調査結果から読み取れます。
- こういったマイナス面を取り除き、社員がモチベーション高く活躍し続けられるよう、国内外の社員に向けてタイムリーかつ正確な情報発信に取り組んでいます。本レポートも、そのひとつと位置付けています。

（出所）エーザイ株式会社「Human Capital Report 2024」（P.18）
https://www.eisai.co.jp/ir/library/annual/pdf/pdf2024hcr.pdf

このように非常に人的資本開示に積極的なエーザイは、2023年版にはなかった取り組みとして、翌24年版で、まず「課題」の明示からそのレポートを出発しました。

レポートの冒頭、「エーザイグループが認識する重要課題」として、**「人事のグローバル化における課題」「イノベーションにおける課題」「DE&Iにおける課題」「会社と従業員の情報非対称性における課題」**という4カテゴリーの課題を、レポートの導入部分で公開しました。

すなわち、グローバルの人事体制が整っていない、イノベーションを推進するための環境にも改善の余地がある。DE&Iもまだまだだし、人事戦略についての社員の理解も進んでいない、ということを明示したのです。そして、それぞれ課題から出発して、課題を解消する具体的な方策に話を進めるという構成をとりました。

このようにレポートを課題から始めると、読み手にメッセージが伝わりやすくなります。この会社はどういったことを課題として捉え、変化させていこうとしているのかがつかみやすくなるのです。

エーザイは、「健康憂慮の解消と医療較差の是正という社会善を効率的に実現する」ことを目指しています。そのうえで、「目標」を社内の「現状」と照らし合わせて、両者間のギャップを抽出し、そのギャップを埋める具体策にまで落とし込みました。

人材は、イノベーション創出を通じて、その目標の実現に直接貢献できる唯一のステークホルダーであり、人材価値の最大化のためには先の4カテゴリーの課題を解決する必要があります。

同社は、それらの課題を明示してから議論を組み立てました。

すると、まさに中長期の目標を達成するための人材投資の話が課題に紐づいていきます。そうすると、人材戦略と経営戦略がひとつの筋でつながりやすくなり、リンクがハッキリするのです。

事例

ビジネスモデルの変化に合わせた戦略と課題設定 ――レゾナック・ホールディングス

次は、第5章でも紹介したレゾナック・ホールディングスの開示事例を見ていきます。同ホールディングスも、丸井グループのようにビジネスモデルの変化を迫られていました。それは、**「総合型化学メーカーから機能性化学メーカーへ」**と表現されるものです。

そして、そのために必要な人材を「共創型人材」と定めて人を育てはじめました。一見するとこれは、「知識創造型」の労働環境に適した人材を求めた丸井グループと似ています。しかし、レゾナックもまたそこに独自性を出していきます。

彼らが設定したKPIとKGIの一覧をご覧ください（次ページ図7−12）。

ここで重視されているのも、じつは**「現状」を見せるのではなく「変化」を見せる**、という人的資本開示の基本スタンスです。

これまで彼らは、いわゆる「事業戦略」と「財務戦略」についてはしっかり計画立てて行ってきました。しかし、それだけでは足りないと考えたのでしょう。そこに**「要員**

図7-12 人材に関するKPI/KGIと、目指す姿とのギャップから設定した「要員戦略」

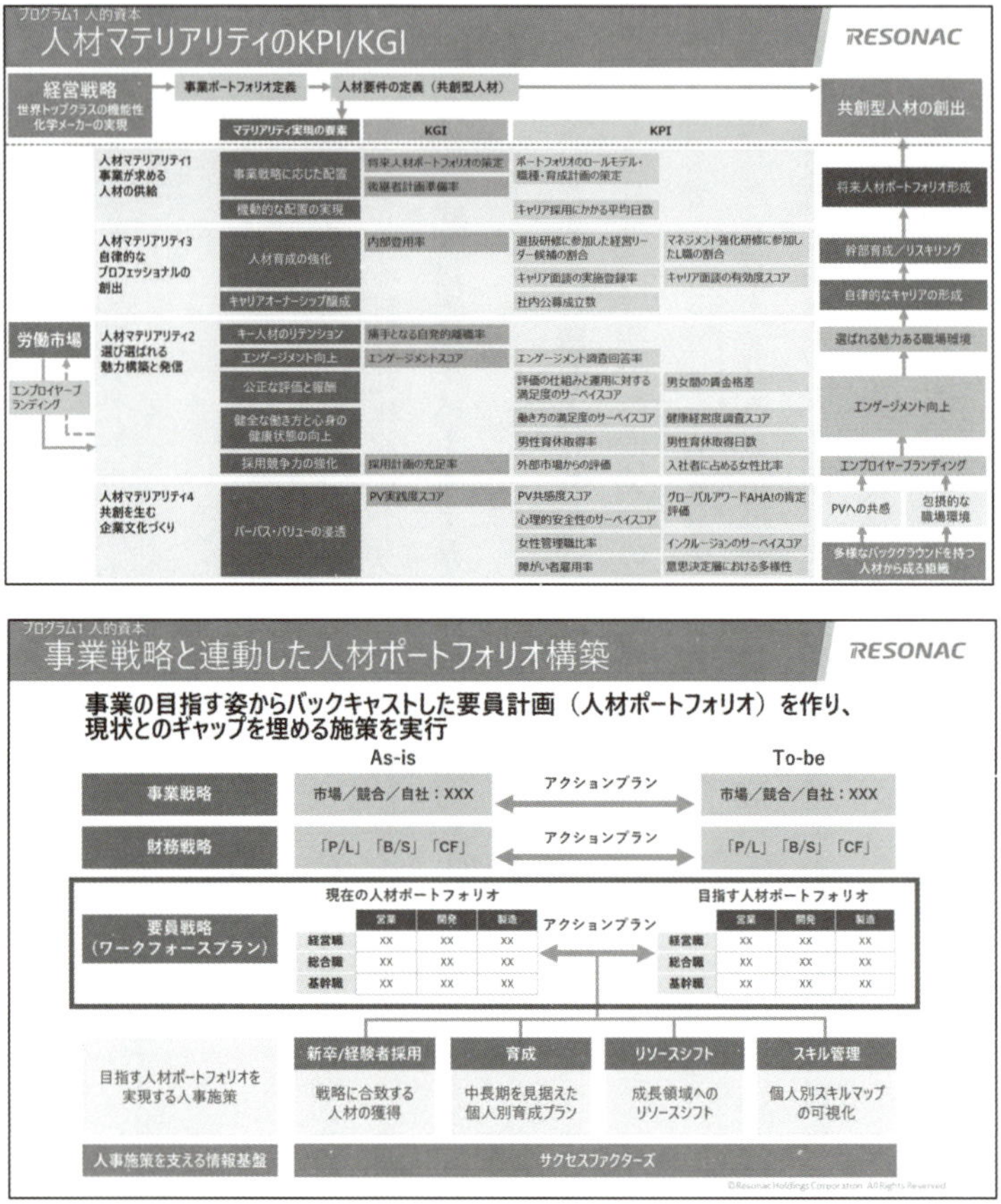

（出所）株式会社レゾナック・ホールディングス「レゾナック サステナビリティ説明会2023」
https://www.resonac.com/sites/default/files/2023-12/pdf-sustainability-meeting23.pdf

戦略」というものを新たに加えます（右ページ下図）。

要員戦略とは、①現在どのくらいの人材がいるのか、②将来どれくらいの人材が必要なのかを割り出し、①と②のギャップを特定して、ギャップを「課題」として可視化し、その課題を解消していくという戦略のことです。

試みに、レゾナックの経営者が「要員戦略」に添えたコメントを見てみます。

そこには、「とくに当社の企業価値にものすごく影響を与えるR&Dをサポートするデジタル AI人材を、3年後、5年後、どういうポートフォリオにしていく必要があり、そのために採用や育成をどういった手段で行うかを議論し、まずエレクトロニクス事業本部の開発、CTO組織、CDO組織において取り組みを開始」とありました。

個々の単語の意味は「わからない」という人もいるかもしれませんが、彼らが将来目指すべき理想の姿から、将来人材のポートフォリオの構築、という強化ポイントの焦点を定めて対策を練っている、ということは感じられるでしょう。レゾナックは「課題」を選択し、課題から始めて、注力しているのです。

事業を時代の変化に合わせて最適なかたちに随時変えられるように、その変化に耐えうる人材・変化を起こせる人材と、彼らが働きやすい職場環境、企業風土を整えていっています。

事例

「このままではいけない」を経営課題として可視化する
――神鋼鋼線工業

第3章でも話題に出た、鋼材などを製造・販売している神鋼鋼線工業株式会社の事例を紹介します。

同社のおもしろいところは、以前も触れたように、自社の人員が、今後、世代的にどのように変化していくかを明らかにした点です。

図7-13の折れ線グラフを見てください。

実線が、2023年時点の世代別社員の分布を表しています。40代から52歳くらいまでがボリュームゾーンになっていることがわかります。

次に、点線を見てください。

こちらは2038年（15年後）に、自社人員が世代別でどのような分布になるかをシミュレーションしたものです。

なんと50代が圧倒的多数になり、20〜30代はほとんどいないという状況になるというのです。

図7-13 世代別の人員構成をシミュレーションして分析、具体施策を提示

・人材の確保

当社の人員構成は40代が最も多くなっており、2030年頃から急速に若返りが必要となる想定です。人材の確保は事業の継続・持続的成長の必要条件ですが、当社の事業分野と必要な技術領域はニッチなため、新卒・中途を含めて即戦力の確保は困難です。そこで当社では、在籍する従業員の離職を抑制するとともに現時点から若年層の人材を積極的に採用し、育成することで当社固有の技術を維持・発展させてまいります。

定年退職者と同数の新卒採用で従業員数を維持した場合の人員構成シミュレーション（従業員数817名/定年以外の退職者なしを想定）

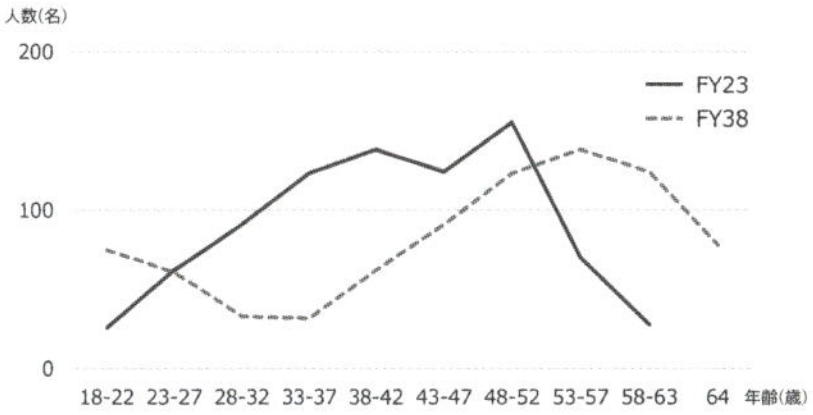

価値創造人材の育成方針

	副務(-3年)	主務(4-9年)	主査・主幹 (10-15年)	管理職
目指す状態	自分の考えや意見を臆することなく伝えることができる	自ら職場改善等の提案ができる。(課題形成の準備)	自身の担当範囲を超えた挑戦目標を設定でき、いくつかの成功体験を積んでいる	プレイヤーとしてだけでなく、指導者として価値創造人材育成ができる
上司の関わり	心理的安全性の高められるコミュニケーション	自由に(一部の)挑戦目標を考えさせる目標設定≠丸投げ	組織の枠を超えて、新しいことや面白い提案を求める	
検討したい人事施策等	NEW 挑戦目標の評価手法の変更	NEW 企画要素の高い組織へのローテーション NEW 社内公募制度 課題形成研修(既)	新事業開発などの実践機会の提供(既) リーダー研修(既)	

（出所）神鋼鋼線工業株式会社「第92期　有価証券報告書」
https://www.shinko-wire.co.jp/pdf/yuho92.pdf

つまり、神鋼鋼線工業は、**大きく舵を切って〝若返り〟する必要がある。**これを経営課題として認識していると世間に公表したわけです。

製造業で、かつ地方で、となると、おそらく同社のような問題に直面する会社は多いのではないでしょうか。

いまは働き盛りの人が多いが、人がどんどん採れなくなっていて、若い人も入らなくなり、将来的には人材のボリュームがスカスカになるはずだ、と。

この状況の改善は、そう簡単にはいきません。

じつは、神鋼鋼線工業の事業分野や同社が必要とする技術領域が「相当にニッチ」であるため、新卒・中途を含めて、即戦力の確保がそもそも困難なのです。

そのため、**まずは従業員の離職を避ける**こと、そして**現時点から若年層の人材を積極的に採用し、育成していくことを目指す**といいます。

そして、具体策として**「挑戦目標の評価手法の変更」「社内公募制度」「企画要素の高い組織へのローテーション」**を実施することを宣言しました。

同社のスゴいところは、普通ならたんに「いろいろやります」と書いて終わるところを、社内の人員動態を実によく分析して、その対処法として施策を書き出している点です。経営課題の「変化（＝現状を放置していると悪化する）」をきちんと明示して、そのために必要があって人的資本に投資すると言っているのです。

神鋼鋼線工業は、このグラフを見る限りでは、相当に厳しい状況にあるといえます。そのうえで、その厳しい経営課題をあけすけに公表して、「私たちは真剣に考えています」というメッセージを発しています。

しかも神鋼鋼線工業は、15年後の未来を見据えています。

中期経営計画といえば、たいていは3年などの未来を見据えますが、同社は特殊な技術を身につける訓練期間があるからなのでしょうか、かなり先まできちんと考えているのです。

事例

「伸びしろ」である「課題」を抵抗なく開示 ――MIXI

続いて、株式会社MIXI（ミクシィ）の事例です。

同社は遠慮なく課題を公表している、とても気持ちのいい会社です。

先のエーザイや神鋼鋼線工業の事例でも感じられたかもしれませんが、こういった課題の世間的な公表は**誠実さの表現**になります。課題は経営の「弱み」と見られることもありますが、**人的資本開示においては基本的に「伸びしろを示す」**ことになります。

そう、**課題は伸びしろ**なのです。

その課題を、解消プランとともに明示すれば、社員やステークホルダーは会社を信頼してくれるようになるでしょう。MIXIも、これを実践しています。

まず、「エンゲージメントスコアと相関性の高い項目のうち、肯定回答率が低い項目をみると、『経営陣の伝える／聴く姿勢』『キャリア上の目標達成』の2点が当社の伸びしろとなっています」と報告書で語っています。

経営陣に伝える・聴く力がなく、キャリア上の目標も達成しにくい会社だ、と。

同社は続けて、「『経営陣の伝える／聴く姿勢』に関しては、関連する複数のスコアで肯定回答率が50％を下回っています」「『キャリア上の目標達成』に関しては、スキル発揮や成長機会に関する項目の肯定回答率は高い（70％以上）ものの、中長期でキャリア上の目標を達成できているかという設問については、55％の肯定回答率にとどまりました」と述べています[2]。

ここまで抵抗なく公表している会社は、素直にスゴいと思います。

しかもMIXIは経営課題と人材戦略を見事に連動させています。というか、**経営課題と人材戦略が連動せざるを得ないくらいに、正直に課題を開示している**のです。

事例

おもしろKPIが続出!? 育休取得者の配偶者満足度も調査 ——積水ハウス、アステラス製薬、西日本旅客鉄道

最後に、ユニークなKPIを設定している3社を紹介します。

まずは積水ハウス株式会社です。

「男性育休取得率」は、法律上公開しなければいけないこともあって、企業がみな公開している数字だというのはご存じの人も多いでしょう。

しかし、積水ハウスはそれだけにとどまらず、**育休取得率に加え、「育休取得者配偶者の満足度」という指標を設けています**。

つまり、育休を取得した家庭の配偶者の側の満足度——つまり夫が育休をとったなら、その妻の満足度も調査して数値化しているのです。

ここまで出しているのには驚きました。

しかも、なんとその「育休取得者配偶者の満足度」は現在、96・8%にのぼっているといいます。

図7-14　育休取得率だけでなく、配属者の満足度まで定量化し開示

＜多様な働き方の推進＞	心理的安全性の高い職場づくりの推進とモニタリング	幸せ度調査「職場の幸せ力」（注８、９）	—	66.59ポイント	—
＜幸せの基盤づくり＞	家族の幸せ支援とモニタリング	男性育児休業１ヵ月の完全取得率（注６）	100%	100%	100%
		育休取得者配偶者の満足度（注６、９、10）	—	96.8%	—
	幸せ度調査実施による従業員の幸せの定量化	Well-Being Circle 総合値（注９、11）	—	65.98ポイント	—
＜ベクトルの一致＞	サクセッションプラン会議を通じたリーダーパイプラインの拡充	キーポジションの後継者候補準備率（注１、９）	—	219.9%	—

（出所）積水ハウス株式会社「2023年度（第73期）有価証券報告書」
https://www.sekisuihouse.co.jp/company/financial/library/ir_document/2024/2024_kessan/yuho_73.pdf

同社は「男性育児休業１ヵ月の完全取得率」という割合もＫＰＩとして追いかけていますが、そちらは１００％になっています。つまり、**全男性社員が育休を1カ月（以上）とっていて、その配偶者も96・8%が満足している**というのです。

「うちの夫は育休を1カ月とったけれど、全然家事も育児もしてくれないんです」といったことが「ない」ことが可視化されたわけですね。

何のための育休かということを積水ハウスはきちんと考えているわけです。

さすが、ハウスメーカーだと感じました。

次に、アステラス製薬株式会社の事例を見てみます。

同社の企業価値は当然ながら、新薬の発明に大きく左右されます。

そのため、イノベーションが生まれやすい職場

環境が求められます。

ところが、次ページ図7―15の「エンゲージメントサーベイ」の数字を見てみると、かなり危険なことがわかります。「ホワイトスペース（＝新しいアイデアを摸索するために必要なリソース）」がないという声が多く出ているのです。

アステラス製薬は、この声と真摯に向き合いました。

そして紡ぎ出した施策が、**「Global Dansharism（グローバルダンシャリズム）」**という断捨離の実践です。

何かといえば、**企業のなかでのさまざまなファクターの優先順位を決めて、停止すべき活動は停止し、効率化すべきところは効率化する**、そのような**断捨離を行う**ということです。

そして、断捨離によって生まれた〝余裕〟をホワイトスペースに変えていく、ホワイトスペースを自ら創造していくとともに、そういった考え方＝「断捨離イズム」（同社表現）を持てる人材をトレーニングで育てていくともいうのです。

しかも、同社が素晴らしいのは、「ホワイトスペースが足りない」という「表面的な問題」だけでなく、そこから、ホワイトスペースがないのは「非効率なプロセスやツールがある」「経験不足である」「リソースも足りていない」「時間も不足している」といった根本原因があるからだとして、「構造的な問題」まで突き止めているところです。

図7-15 イノベーション創出のため「ホワイトスペースが必要である」とし、施策を実践

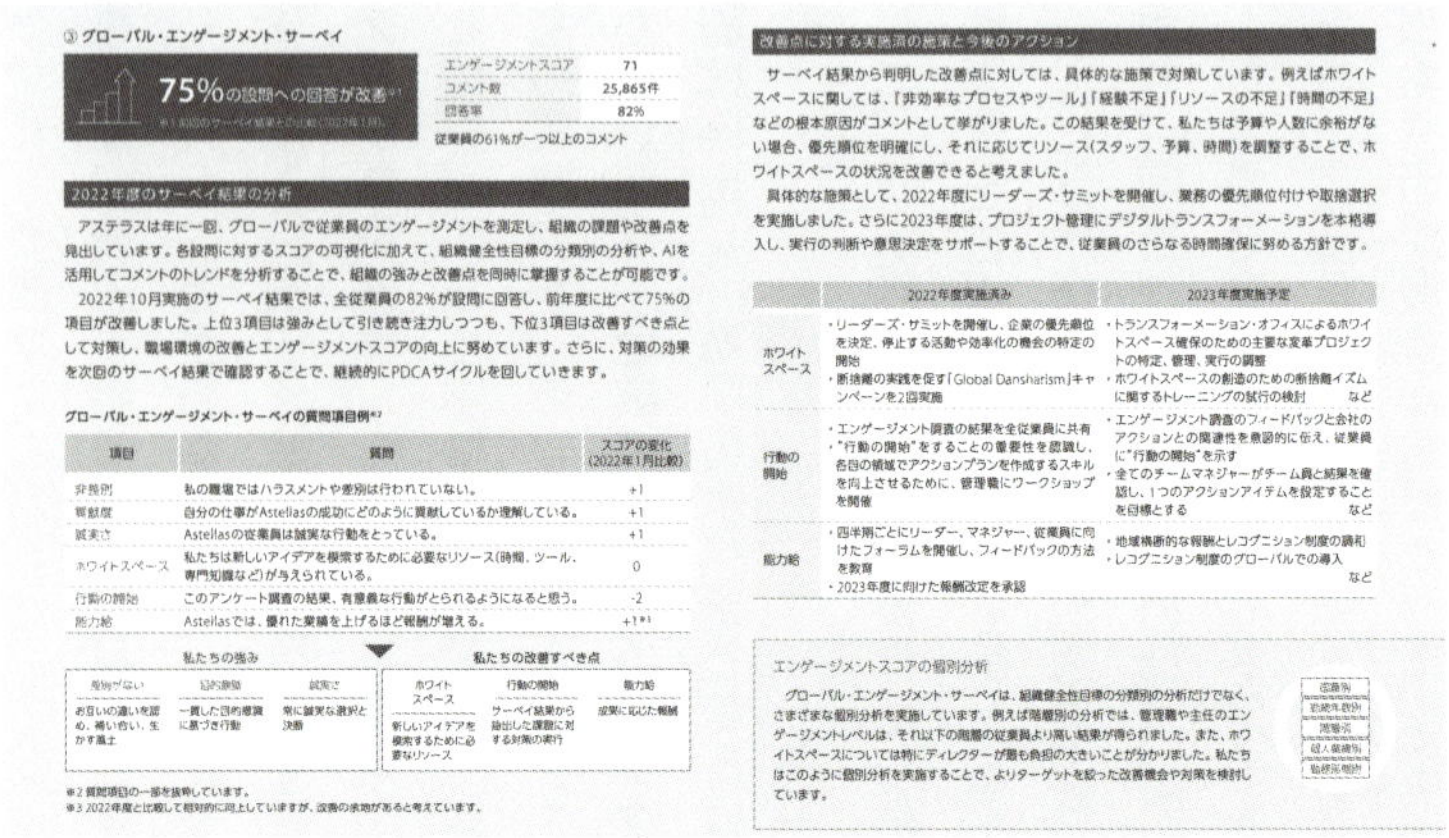
③ グローバル・エンゲージメント・サーベイ

75%の設問への回答が改善※1

※1 前回のサーベイ結果との比較（2022年1月）

エンゲージメントスコア	71
コメント数	25,865件
回答率	82%

従業員の61%が一つ以上のコメント

2022年度のサーベイ結果の分析

アステラスは年に一回、グローバルで従業員のエンゲージメントを測定し、組織の課題や改善点を見出しています。各設問に対するスコアの可視化に加えて、組織健全性目標の分類別の分析や、AIを活用してコメントのトレンドを分析することで、組織の強みと改善点を同時に掌握することが可能です。

2022年10月実施のサーベイ結果では、全従業員の82%が設問に回答し、前年度に比べて75%の項目が改善しました。上位3項目は強みとして引き続き注力しつつも、下位3項目は改善すべき点として対策し、職場環境の改善とエンゲージメントスコアの向上に努めています。さらに、対策の効果を次回のサーベイ結果で確認することで、継続的にPDCAサイクルを回していきます。

グローバル・エンゲージメント・サーベイの質問項目例※2

項目	質問	スコアの変化（2022年1月比較）
非差別	私の職場ではハラスメントや差別は行われていない。	+1
貢献度	自分の仕事がAstellasの成功にどのように貢献しているか理解している。	+1
誠実さ	Astellasの従業員は誠実な行動をとっている。	+1
ホワイトスペース	私たちは新しいアイデアを模索するために必要なリソース（時間、ツール、専門知識など）が与えられている。	0
行動の開始	このアンケート調査の結果、有意義な行動がとられるようになると思う。	-2
能力給	Astellasでは、優れた業績を上げるほど報酬が増える。	+1※3

私たちの強み

差別がない	貢献意識	誠実さ
お互いの違いを認め、補い合い、生かす風土	一貫した目的意識に基づき行動	常に誠実な選択と決断

私たちの改善すべき点

ホワイトスペース	行動の開始	能力給
新しいアイデアを模索するために必要なリソース	サーベイ結果から抽出した課題に対する対策の実行	成果に応じた報酬

※2 質問項目の一部を抜粋しています。
※3 2022年度と比較して相対的に向上していますが、改善の余地があると考えています。

改善点に対する実施済の施策と今後のアクション

サーベイ結果から判明した改善点に対しては、具体的な施策で対策しています。例えばホワイトスペースに関しては、「非効率なプロセスやツール」「経験不足」「リソースの不足」「時間の不足」などの根本原因がコメントとして挙がりました。この結果を受けて、私たちは予算や人数に余裕がない場合、優先順位を明確にし、それに応じてリソース（スタッフ、予算、時間）を調整することで、ホワイトスペースの状況を改善できると考えました。

具体的な施策として、2022年度にリーダーズ・サミットを開催し、業務の優先順位付けや取捨選択を実施しました。さらに2023年度は、プロジェクト管理にデジタルトランスフォーメーションを本格導入し、実行の判断や意思決定をサポートすることで、従業員のさらなる時間確保に努める方針です。

	2022年度実施済み	2023年度実施予定
ホワイトスペース	・リーダーズ・サミットを開催し、企業の優先順位を決定、停止する活動や効率化の機会の特定の開始 ・断捨離の実践を促す「Global Dansharism」キャンペーンを2回実施	・トランスフォーメーション・オフィスによるホワイトスペース確保のための主要な変革プロジェクトの特定、管理、実行の調整 ・ホワイトスペースの創造のための断捨離イズムに関するトレーニングの試行の検討　など
行動の開始	・エンゲージメント調査の結果を全従業員に共有 ・"行動の開始"をすることの重要性を認識し、各自の領域でアクションプランを作成するスキルを向上させるために、管理職にワークショップを開催	・エンゲージメント調査のフィードバックと会社のアクションとの関連性を意図的に伝え、従業員に"行動の開始"を示す ・全てのチームマネジャーがチーム員と結果を確認し、1つのアクションアイテムを設定することを目標とする　など
能力給	・四半期ごとにリーダー、マネジャー、従業員に向けたフォーラムを開催し、フィードバックの方法を教育 ・2023年度に向けた報酬改定を承認	・地域横断的な報酬とレコグニション制度の調和 ・レコグニション制度のグローバルでの導入　など

エンゲージメントスコアの個別分析

グローバル・エンゲージメント・サーベイは、組織健全性目標の分類別の分析だけでなく、さまざまな個別分析を実施しています。例えば階層別の分析では、管理職や主任のエンゲージメントレベルは、それ以下の階層の従業員より高い結果が得られました。また、ホワイトスペースについては特にディレクターが最も負担の大きいことが分かりました。私たちはこのように個別分析を実施することで、よりターゲットを絞った改善機会や対策を検討しています。

（出所）アステラス製薬株式会社「統合報告書2023」
https://www.astellas.com/en/system/files/a729267707/astellas_ar2023_j_all_1006.pdf

同社はホワイトスペースの確保度合も「エンゲージメントサーベイ」でとっていますが、現在は「0」なのが、来年は上がってくるでしょう。すると、イノベーションが生まれやすい環境が整い、新薬の発明が生まれる可能性も高まるかもしれません。

最後に、西日本旅客鉄道株式会社の開示も紹介しましょう。

こちらにも重要なメッセージが提示されています。

それは、**次世代経営人材の条件として「移動に連動しない事業」にかかわるスキル保有者の割合、実績、目標が示されている点**です。

図7-16　事業拡大を踏まえて「移動」以外のスキル保有者を指標に

ア．指標

（ア）人財育成

		指標	2023目標	2023実績	2025目標	2027目標
単体KPI	全社員	キャリア形成を支援する各種制度の利用者数	1,726名	3,099名	2,322名	2,880名
	次世代経営人財	準備率（注５）	220%	211%	330%	400%
		そのうち、「移動に連動しない事業」に係るスキル保有者の割合	18%	30%	28%	40%
	管理職登用候補	複数の専門性獲得者の割合	30%	48%	30%	30%
	次世代地域人財	地域人財数 地域人財準備人数	–	–	10名 20名	30名 60名
	次世代系統人財	系統人財数 系統人財準備人数	–	–	10名 20名	30名 60名
グループKPI		プロパー役員比率（注６）	–	20%	26%	30%

（出所）西日本旅客鉄道「第37期 有価証券報告書」
https://www.westjr.co.jp/company/ir/library/securities-report/pdf/report37_04.pdf

同社は交通をつかさどるだけあって「移動系」の事業を主体にしていますが、これからは移動系以外の、移動に連動しない事業に関係するスキルを持った人材も積極的に増やしていくというのです。

そのスキル保有者の割合については、2023年の目標は18％でしたが、すでに現在の実績で30％と上回り、さらに2027年には40％超えを目指しています。

これには明確な理由があります。西日本旅客鉄道は、中期経営計画の重要テーマとして、移動系事業に加えて、不動産やホテルなどの新しい分野への拡大を掲げているのです。

こういった情報の開示からも、ステークホルダーや社員に「変化」が伝わるでしょう。

本章では、さまざまな観点から、優れた人的資本開示の事例を紹介してきました。あなたの会社で人的資本経営を推進するのに役立つ事例が豊富にあったのではないでしょうか。これらを参考に、ぜひ本質的な人的資本経営および開示を行っていただきたいと思います。

第8章

「人的資本経営の最前線を知る！特別対談」

本章がいよいよ最終章です。

これまで、**人的資本経営の考え方**、**人的資本開示とは何か**、また**人的資本経営を自社に実装するための実践プロセスやフレームワーク**、そして**あまたの事例**を紹介してきました。

最後に、人的資本経営をめぐる日本の現状やこれからの見通しをハッキリさせるために行った有識者との対談を掲載します。

対談者になっていただいたのは、人的資本経営を論じるうえで欠かせない「人材版伊藤レポート」でも知られる会計学者・伊藤邦雄さん、本書でも紹介した丸井グループをはじめとして多くの企業で人的資本経営を実践されてきた株式会社プロノバ代表取締役社長の岡島悦子さん、投資家目線で人的資本経営を語るみさき投資株式会社代表取締役社長の中神康議さん、ビジネスの世界で人を活かす「対話」のあり方を追求されてきたエール株式会社取締役の篠田真貴子さん、そして、組織論的な観点から経営を探究されてきた経営学者で株式会社シナ・コーポレーション代表取締役でもある遠藤功さんです。

どの対談も、読みごたえあるものに仕上がりました。

ぜひ、本書を活かすための羅針盤として、それらの語らいをご活用ください。

人的資本経営の重要文献「人材版伊藤レポート」起草者が語る――

日本の人的資本経営の現在地とこれから

会計学者
伊藤邦雄 × 田中弦

一橋大学CFO教育研究センター長、一橋大学名誉教授。経済産業省「持続的な企業価値の向上と人的資本に関する研究会」座長、TCFDコンソーシアム会長、経済産業省・東京証券取引所「DX銘柄」選考委員長。2022年8月25日に設立された「人的資本経営コンソーシアム」会長に就任。

目的が正しく理解されず中身もともなっていない〝人的資本経営〟の現在地

田中　伊藤さんはこれまで「持続的な企業価値の向上と人的資本に関する研究会報告書」（いわゆる「人材版伊藤レポート2・0」等）を出されて、まさに人的資本経営のオピニオン・リーダーとして発信されてきました。

最初のレポートが２０２０年の公開です。

それから4年以上が過ぎたわけですが、当初の目論見どおりにいった部分、目論見に至らなかった部分、それぞれどんなものがあると感じていますか。

伊藤　私は「人的資本経営」というテーマを**〝人事マター〟から〝経営マター〟にしたい**と思っていました。

人的資本経営といっても、これまでは人事の施策を広報するばかり。それが「経営ごととして注目されるようになった」というのは目論見どおりです。

経営者が乗り気にならなければ人的資本経営は実行できませんから、それが**〝経営アジェンダ〟**になって、しかも**〝人事アジェンダ〟**とリンクしはじめたのは大きい。

田中　ここ数年で、ＣＨＲＯを据える企業も増えました。

伊藤　あとは、人的資本開示が進んできましたね。

「人的資本可視化指針」を内閣府が出して、開示への関心が高まりました。田中さんの活動の影響もあるでしょう（笑）。これも、予想どおりになったという感じがします。

ただし、実態はまったく楽観視できないし、課題も多いのが現状です。たとえば、人的資本経営が広まるなかで「対話」の重要性が改めて認識された一方、対話の実態がなかなか見えづらいこともわかってきました。

だから、**現場で対話は増えたのだけど、対話のクオリティは「高い」とは言えず、むし**

ろ「対話の場で上司の無能さが露呈した」なんて事態が生じています。

田中　中間管理職の方々は、どうやって1on1をすべきかに戸惑っていますね。

伊藤　たとえば部長職の人たちは、上から「対話しろ」と言われています。「傾聴しろ」とかね。

しかし、どうしたら傾聴できるのかもよくわからない。それはそうです。**部長だって、対話のトレーニングを受けてきていない**のですから。

田中　すると、毎回の対話がだんだん無難で同じような内容になってしまいます。

部下側は、「対話を重ねるごとに何かが積み上がっていくかも」というイメージを当初は持っていたと思います。でも、そうはならない現実が多かった。

伊藤　そう、それでは「事前の期待」と「実際」にギャップが生まれてしまいます。

対話の内容を上司が更新していかないと、下手をすればエンゲージメントは下がってしまうでしょう。

田中　なるほど。一方、従業員のエンゲージメントを計測する会社はかなり増えましたね。

伊藤　その点は、「目論見を超えた部分」と言えるかもしれません。

しかし、「何のためにエンゲージメントを調べるのか」という目的を、会社の側も社員の側もわからないままやっているところが多いので、それは課題です。

田中　最近も、ある経営者の方から「エンゲージメント調査、うち、よかったんですよ。

○点だったんです」という話を聞きました。
ところが、「じゃあ来年に向けてどうするんですか？」と聞くと、とくに決まっていないんですね。

伊藤　**「データが何を物語るのか」を分析しなければいけないし、その分析結果を課題と捉えて改善していかなければいけない。**

なのに、そこまでいかない企業がやはり多い。

すると、「今年もエンゲージメント調査の季節になったね」で終わってしまいます。

これは日本人の特徴なのかもしれませんが、ひとつの言葉が本質を押さえられずに流行ったりしますよね。

たんなる〝流行〟では、ラベルのつけ替えみたいなものが生じるだけ。よくあるのが、「現在の姿（As is）」と「目指すべき姿（To be）」のギャップを定量的に把握する必要があるのに、それをしない、あるいは「To be」を描けても、なぜその理想を目指すのかという目的がハッキリしないパターンです。

人的資本経営についても、「何を目指す経営なのか」について腹落ちしていない人が多いと感じています。これについて、より本格的な議論がされるべきです。

間違った〝ダイバーシティ〟だけが先行している

田中　ほかに「目論見に至らなかった」と感じられている部分についてもお聞かせいただけますか。

伊藤　「人材版伊藤レポート」のなかに「知・経験のダイバーシティ&インクルージョン」という項目があります(1)。

これが、よく言われるダイバーシティ、とくにジェンダー・ダイバーシティの意味合いだけで理解されてしまったことを残念に思っています。

田中　女性活躍推進、というような文脈だけで理解されがちだった……?

伊藤　そうです。

じつはこの項目の前提には、「ある問題意識」がありました。

それは、**「『日本人は同質だ』と言われるが、本当にそうか?」**ということです。

企業人とたくさん付き合っていると、個性的な人をたくさん見かけます。個々の人材を見ても、みな個性的です。

日本人の同質性というのは、すごく引いたレンズで、解像度低く物事を見たときに言えることだと思うのです。

なのに「同質、同質」と言われてきた。だから、「ダイバーシティ&インクルージョン」という言葉が入ってきたときに、「ダイバーシティ（=多様性）」だけがやたらと強調され、「インクルージョン（=包摂）」が置き去りにされがちだった。

それで、「男性だらけの研修に女性を入れよう」というような、人の「属性」を多様にすることで、ダイバーシティができるかのように錯覚してしまったのです。

それのどこがダイバーシティなのでしょう。

優先すべきは相手の「属性」ではなく、その人の「個性」です。たとえば「あの人はスターバックスがマニアレベルで好きだ」とか、そういう個性です。

そこを見ていないから、たとえば、女性管理職比率を上げようというときに、本来は「経営課題」であるはずのイシューを、「女性の課題」として扱って、女性にだけヒアリングをする、なんてことが起きたりするのです。

女性社員を「女性」としてしか見ていない。女性社員も、まずひとりの人間です。その個性を見ないといけない。

私は、「知・経験のダイバーシティ&インクルージョン」の話のなかで、「男性/女性」「部下/上司」「日本人/外国人」のような属性の二項対立を壊したいと考えていました。それがダイバーシティだと思っていたからです。

田中　「在職者/退職者」と二項対立的に分けて、退職者については「あー、あいつはダメだから」と言ってしまう発想が、日本では持たれがちですね。

伊藤　そういう文化を、本当に変えたいですね。

退職者をひとりの人間として扱うのです。その退職者も、外でバリバリやったあとに、また戻ってくるかもしれません。そういう面も含めて、相手をまず「ひとりの人間として」見られるようにしていってほしい。

バウンダリー（＝境界線）が過剰に意識され、多様性が〝演出〟される世界から、バウンダリーを溶かしていく方向へ。

それがインクルージョンを大きく進めると私は思っています。

解像度高く人材を見るためにまずは対話から始めよ

田中　そのために、まずは経営者に何をしてほしいですか？

伊藤　**まずはＣＨＲＯ（＝最高人事責任者）とＣＥＯとで、もっと対話してほしい**です。

人材の捉え方もそうだし、人事システムや人の育成の仕方などについて内省し、「何が課題か」から議論を始めていくべきです。

あとは、取締役会で人的資本経営をアジェンダとして扱ってほしいですね。その前段階として、当然、経営会議でも人的資本経営についてもっと議論してほしい。

田中　それができる企業はまだ少ないですよね。「今年の採用をどうするか」くらいしか話題になっていない気がします。

伊藤　それと人的資本経営は違います。

一人ひとりをしっかり見てほしいのです。

「その人材は何が趣味なのか、何が得意技なのか」といったレベルの理解が大切です。「あの人は以前、どこどこの部署で何年やっていたよね」くらいのキャリア変遷は語れても、それ以上のことは語れない、そんな経営者が多い。

各人が何を得意にしているのかを知らずに、人材戦略はできません。

もちろん、経営者が1万人の社員について解像度高く見ることは不可能でしょう。

そこでまずしてほしいのが、人材戦略をＣＨＲＯのみならず、各事業責任者と大いに対話し議論することです。自分以外の人の視点を入れることで、経営者の主観だけに偏った戦略を避けることができます。

そのために、意識して「対話」をしてほしいのです。

人的資本開示を通して、投資家との対話は進んできました。今後はより従業員との対話を意識してほしいです。

コロナ禍で、１on１は偶然進みました。冒頭で話したように、「対話の質」の課題は残存していますが、まずは機会を増やすべきです。対話をしながら、普段かかわらない人のことも知っていくことが重要と考えています。

田中　伊藤さんは、人的資本経営とは何を目指す経営だと捉えているのでしょうか。

伊藤　語り切れないくらいありますが、私のベースにある考えは**「自由と規律」**です。この2つは対であり、**バランスが重要**です。

日本企業はいままで、**働き方を含め「自由」が弱い環境**でした。

また、従業員も会社に自分のキャリアを含めた人生を委ねすぎていました。**自分の人生を主体的に考え、選べること。これが個人にとっても組織にとっても重要**です。

人間、選択肢のなかから何か選ぶときは、一生懸命情報をとり、深く考えますよね。これが自由につながるのです。

田中　丸井グループが実践している「手挙げの文化*」は、それを象徴しています。

伊藤　丸井グループの「手挙げ」も、ただ手を挙げた人に任せるだけではなく、課題が課されます。手を挙げたテーマについて勉強してレポートを書いて、選ばれるわけです。

一般的に「手挙げ」を「手を挙げた人にすぐやらせる」と捉えている人も多いですが、それはいい方法とはいえません。それは**「規律」が足りていない**のです。

*丸井グループの「手挙げの文化」：詳細は本文219ページを参照

リーダー育成・経営者育成のプロが語る――

組織が変わるために必要なこと、組織を変えるうえで必要な視点

株式会社プロノバ　代表取締役社長

岡島悦子 × 田中弦

株式会社プロノバ 代表取締役社長、株式会社ユーグレナ 取締役 兼 指名報酬委員会委員長。ヒューマンキャピタリスト、経営チーム強化コンサルタント、リーダー育成のプロ。三菱商事、ハーバードMBA、マッキンゼー、グロービス・グループを経て、2007年プロノバを設立。丸井グループ、セプテーニ・ホールディングス、KADOKAWAにて社外取締役。世界経済フォーラムから「Young Global Leaders 2007」に選出。

日本の3大課題から見えてくる「抜てき」と「登用」の必要性

田中　ここ数年で、日本企業の「人」に対する考え方が変わってきたと感じているのですが、どのようなきっかけがあったとお考えですか。

岡島　まず、日本企業を取り巻く **「3大課題」** があると思っています。

ひとつめは、**労働力が圧倒的に少なくなる**ということ。

2つめは、**内需が減退していくなかで、新しい市場を掘り起こさなければいけない**ということ。

そして3つめは、「AIによって仕事が奪われる」といった議論で注目されるようになった、**「そもそも人間にしかできない仕事って何だっけ?」という定義づけの問題**です。

肉体労働が知的労働に変わり、それを担う主体がAIに変わろうとしています。

そこでは、金銭的な報酬だけでなく、仕事をする「意味」とか「感情」に紐づいた〝報酬〟がインセンティブになっていくでしょう。

これらによって、労働環境は大きく変わると私は見ています。

田中　3つの課題とも、それぞれが複合的ですね。

岡島　たとえば、「労働力が供給できなくなっても、AIが仕事を代替してくれるならちょうどいいですね」というご意見をよくいただきます。

たしかに「労働力が欠乏していく仕事」と「AIが代替する仕事」がピッタリ重なっているなら、それでいいんです。

でも、実際はミスマッチばかり。やはり「人間にしかできない仕事」を考えないといけません。

工場労働などの「労働集約型」であれば、労働にある種の「型」をつくって、OJTや研修でその型をみなに伝えて、平均的な質のアウトプットができるようにするというスタイルでよかったでしょう。

しかし、コンピューターシステムの導入が進んで、人手に頼る部分が減り、資本への依存度が高まって「資本集約型」になってくると、知的に課題を解決する、いわば**コンサルト的な人材を輩出する必要が出てきた**。これも、いまではだいぶ「型」化されてきています。それなのに、企業はまだ形式化された研修をたくさんやっていますよね。

そして、現在は「知識創造型」も出てきている。有形資産よりも無形資産への投資、生産性よりもクリエイティビティが競争優位の源泉になるステージです。ここまでくると、「人間にしかできない仕事って何だっけ?」という問いが切実さを増してきます。

田中　あるいは、アベンジャーズのように、強みが違う人たちで協力し合って、これまでとはまったく違う新しい価値を共同でつくり出す、ということも求められています。

岡島　そのために必要なのが**圧倒的な「抜てき」と「登用」**なのですが、これは現状、なかなかできていないですよね。

そして、**「抜てき」と「登用」をやる際に大切なのが、組織の制度と文化**です。

いくら個人を登用したとしても、たとえば「28歳が本部長に着任します」というような抜てきを受けつけない文化だと、その施策は意味をなしません。

また、「いかにトライしたか」「仮説がどう優れていたか」など、結果だけでなくプロセスを評価できる制度がないと、やはりうまくいかない。
こういう面は、残念ながらまだまだでしょう。

組織を変えるにはショック療法的な「事件」が必要

田中　古い体質を保持してしまいがちな、たとえば製造業や小売業などが制度疲労を起こしていると感じるのですが、そこへの処方箋はあるのでしょうか。

岡島　本書でも取り上げられている丸井グループが、なぜトランスフォーメーションを実現できたかというと、非連続のビジネスモデルをつくる必要に迫られたからだと思います。丸井グループには**「死の時代」**があって、経営陣自ら「このままではいけない」と立ち上がらざるを得なかった。

リクルートなどもそうだと思います。**「中から変える」のは無理**だと考えたから、インディード社を買い、グラスドア社を買収して、ドメスティックだったところから「グローバル化する」方向に舵を切っていった。**腹をくくる瞬間があった**のだと思います。

田中　そういう意味だと、**組織を変えるにはショック療法的な、大胆な施策が必要**なのかもしれません。

岡島　個人的には、**「事件」が必要**だと思っています。

先日、あるCHRO（＝最高人事責任者）サミットに参加しました。そこで紹介されていた損害保険ジャパン株式会社（SOMPOホールディングス）のCHROの方が興味深かったんです。

簡単に言うと、同社は**「事件が起きたので、経営陣を一掃しました」**と言っていました。いままでのビジネスモデルは通用しない。部分最適も過剰である。だから、新市場をこれから開拓するしかないと。

そして、エース級の人材もそこに送り込んだ。

その際におもしろいと思ったのが、ホールディングス側のCHROに権限を持たせたことです。

たいていの日本の大企業の場合、事業部が強くて、コーポレート側のCHROはポートフォリオマネジメントすらやれないということになりがちです。

でも、SOMPOホールディングスは、普通は嫌だと感じるようなトランスフォーメーションの局面を**「刷新の契機」**にした。部分最適化していた各組織を一度全体最適に引き戻して、バイアスの壁を壊そうとした。

ヒューマンキャピタルの文脈で、ヒューマンリソースアロケーション（＝人材の適切な割り当て）を変える、といった話はよく言われますが、事業部が強すぎると、それがやりにくくなるはずなんです。

ＳＯＭＰＯホールディングスはそれをよく理解したうえで、あえてホールディングス側のＣＨＲＯの権限を強くして、大胆な人材配置を行った。

そのとき、同社が直面していたことは、いわゆる**「ビジネスモデルの陳腐化」**だったと思うんです。代理店をたくさん持って損害保険の販売でやっていく、といったことだけでは行き詰まることがハッキリした。

その**「陳腐化の危機」に本気で気づけるかどうかで経営の成否が分かれる**と思います。それに気づくことも〝事件〟です。

みなに広く投資するのではなく「この人は」という人材に集中投資を

田中　岡島さんは、サクセッションプランニング（＝後継者育成）に多く携わってこられました。幹部候補たちなどは、そういった変革において期待できそうですか？

岡島　サクセッションの成功には、まずは**経営者の覚悟**がいります。**「この会社を潰しちゃいけない」と本気で思えるかどうか**。

〝本気〟というのは、気持ちだけではなくて、たとえば「２０４０年くらいに労働力の供給不足で会社が潰れるようなことがあってはいけない」といったリアリティの追求も含めたものです。

あとは、**誰が幹部候補になるか**という話ではないでしょうか。

優れた会社はやはり、既存の成功モデルにとらわれていない人たちを、幹部候補として大胆に登用するんです。〝過去の成功体験〟の呪縛は相当に強いものですが、それを振り切るようなヒューマンリソースアロケーションをとる。

田中　そういう意味でも、人事部は非常に重要ですよね。

岡島　ところが、**「その人はまだ何年次だから」「40歳未満だから」と、抜てきにストップをかけてしまいがちなのも人事部**です。

だから、私がかかわってきた丸井グループの場合、私は人材戦略委員会で、**「まずは人事部をぶっ潰そう」**とハイボールを投げる発言をしました。

そして、スタートアップ企業の株式会社グッドパッチとともにジョイント・ベンチャーをつくったところ、いままでは採用できなかったハイレベルなエンジニアが採用できた。しかも、社内のエンジニアも影響を受けて急成長し、エンジニア部門の組織文化も変わりはじめました。

丸井グループは、人事部のいままでのやり方を踏襲することがボトルネックになるという仮説を立てたのだと思います。それをアップデートしたわけです。

田中　非常におもしろいです。そのうえで、岡島さんが経営者に「人」に関してガツンと注文をつけるとすれば、何と言いますか？

岡島　私が人的資本経営を考えるうえで大切にしているのは、**「人って誰ですか？」という問い**です。

投資すべき人を社内で見つけること。**みなに広く投資するというより、誰が次のリーダーになり得るのかを見極めて、その人に徹底的に投資していくことが必要**だと思います。

「エンゲージメントスコア」をとるなら、伸ばそうと思っている部署や個人のエンゲージメントにとくに注力し、権限を渡していってほしい。

公平性を尊ぶ文化のなかでそれをやるのは大変ですが、投資した人たちがこれからの会社を救ってくれるなら、安い投資じゃないですか。

これは**えこひいきではなく、戦略**です。

こういった発想の転換が必要だと思います。

経営者・従業員・株主の関係を熟知した長期投資家が語る――
「現場一流、経営三流」といわれる日本の経営者がいま一流を目指すべき理由

みさき投資株式会社　代表取締役社長
中神康議 × 田中弦

みさき投資株式会社 代表取締役社長。約20年弱にわたり幅広い業種で経営コンサルティングに取り組む。数多くのクライアント企業価値向上の実体験をもとに、『働く株主®』投資モデルの有効性を確信。2005年に投資助言会社を設立し、上場企業への厳選長期エンゲージメント投資を開始。数々のエンゲージメント成功事例を生む。2013年に、みさき投資を設立し、引き続きエンゲージメント投資に取り組んでいる。

機関投資家は人的資本経営に何を期待している?

田中　中神さんは長く経営コンサルティングに携わられ、現在は**エンゲージメント投資**を行われています。機関投資家が人的資本経営に期待していることとは、ズバリ何なのでし

ょうか？

中神　投資家は、企業の価値が上がってくれないと困る存在ですよね。

では、どうすれば価値が上がるのかといえば、それは、**社員みなが本来持っている「やる気」や「能力」を思い切り解放する**ことです。

しかも、企業という組織でせっかく人が集まっているんだから、社員一人ひとりの解放に他者の解放が掛け合わさって、それが連鎖して、解放×解放×解放×……と、指数関数的なパワーの伸びに結びついていってほしい。

田中　**バラバラの一匹狼が集まっても仕方がない**、ということですね。

中神　そうです。それが**「みなで集まって企業でやる」ことのメリット**でしょう。

一人ひとりが刺激し合って、たんに個人でいるときの総和よりも人的資本が数倍の力になる。

そうやって、途方もない力が生まれれば、企業の価値も上がっていく。そこに投資家は期待しています。

もちろん、企業価値を上げる手法はほかにもあって、ずっと発展してきています。

古くはフレデリック・テイラーの「科学的管理法」のようなもので生産性を上げていく、いわゆる「マネジメント・サイエンス」から、マーケティングやコーポレート・ファイナンスの発達まで、いろんなフロンティアが切り拓かれてきました。

でも、おそらく、ここ20年でマーケティングもファイナンスもマネジメント・サイエンスも、大きなフロンティアを開拓できなくなってきたと思うんです。新手法が出てきたように見えても、たいていは過去の焼き直しだったりする。

一方で、近年、進化してきたのが、EQ（＝「心の知能指数」とも言われる）や、心理的安全性や異文化理解を追求する方法、ストレングス・ファインダー（＝個人の資質を調べるためのツール）といった手法なんですよね。

田中　つまり、**人間が持つ本来の力を解放しようよ**、と。

中神　だからこそ、人的資本が大事だ、多様性をインクルージョンすることが大事だと言われているんです。

アメリカやほかの先進的な国々は、そういった最新の研究・領域を経営に取り込んでいます。

でも、日本の場合、学術的な成果を経営に取り入れて価値を上げる、という面では遅れをとっていると感じます。

これからの投資家が見るべきは「人間集団」

田中　そのうえで、機関投資家も人によって温度差があるじゃないですか。人的資本経営

図8-1　ユニークな株価が生まれる流れ

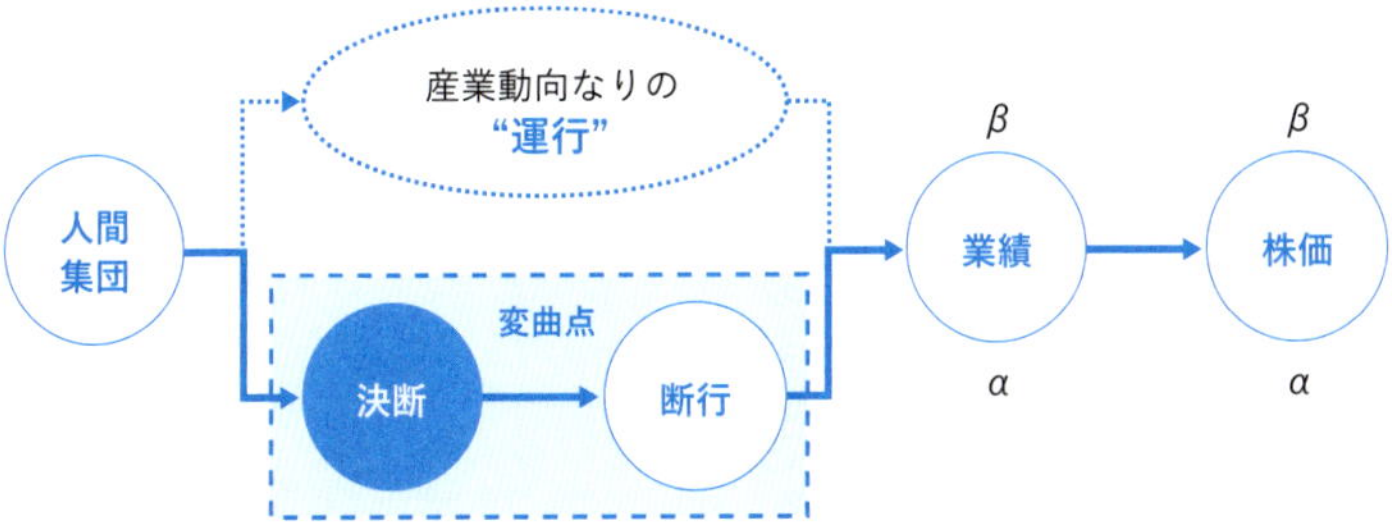

をはじめとする「人の面」を後回しにして、とにかくビジネスを組み替えるとか、そういうことが最優先だという人もいます。

中神　個々の投資家が何を重視するかによって、そこは違ってきます。

たとえば、株価や業績には図8-1のように「α」と「β」があります。

「β」とは、「並」、すなわち、業界並み、マーケット並みということ。「α」とは、「その会社固有の」ということです。

田中　これは、株価や業績の変動には2つのレンジがあって、「産業マクロ（＝業界全体）」の動向で変化する部分と、その会社独自の「経営」の巧拙で変化する部分があるという話ですね。

中神　産業マクロ的にいえば「いいとき」も「悪いとき」も当然ある。けれど、海にたゆたう木の葉みたいに、その浮沈に身を任せていればいい――そんな発想をベースにした企業から出る業績が、業績βです。僕から言わせてもらえば、そんなものは「経営」とは呼ばない。たんに「運行」しているだけの企業です。

一方で、なかには、他社がやっていないこと、なかなかやり切れないことを、マクロとは異なる判断の末に決断し、断行している企業もあります。そこに挑むことで生まれるのが業績αです。それが株価αに結びついていく。ぼくはこれこそが「経営」だと言いたい。

田中　事業ポートフォリオの変革などがそうですね。

中神　ただ、事業ポートフォリオの再編なんていうのは相当な決断です。なかなかできない。うまくいくかもわからない。

その際に成否を分けるのが、図8-1でいう「人間集団」です。

人間集団が腐っているか否かで、β並みで漂流する企業にとどまるのか、αを生み出す企業になるかが変わる。

心理的安全性が組織になかったり、忖度がはびこっていたり、信賞必罰がなされないような企業では、決断なんかできません。

決断しようとしたら、先輩方から「俺は聞いてない」「俺の事業に首を突っ込むな」とかいって抵抗される。そして結局、短期的な利益が見込めるものだけを無難に追いかけたりする。すると、業績βしか出せなくなります。

残念ながら世の中ではそういう企業が大半です。

しかし長期的に見れば、ずっとβにいるだけでは業績なんか伸びません。これは20年ほど投資家をやってきた私の結論です。**個人のやる気や能力を最大限解放し、掛け合わせていける人間集団なのか。**人的資本経営という文脈において機関投資家が見るべき最大のポイントは、ここにあると思っています。

強烈な問題意識を持たない経営者に未来はない!?

田中　有価証券報告書などの発行物は、いわば投資家と企業のコミュニケーションツールです。投資家はそこにどんな情報を求めているのでしょうか。

中神　それこそ、田中さんが提示している**「人的資本経営フレームワーク（田中弦モデル）」が物差しになります**。

あれをくだいていえば、「あなたの会社にはやりたいことがあるんでしょ。でも理想と現実の間のギャップがこうなっている。理想に到達するためには人的ポートフォリオがこう変わって、人的資本がこうした構成にならないといけないから、いまそこに至るためにこういう活動をしています。その結果、こういったアウトプットが出てきていて、それをこのＫＰＩを設定して計測しています。このように進めていけば、やりたかったことが達成できるんです、といった情報を示しなさい」という話ですよね。

これは、投資家が求めている情報を完璧に捉えていると思う。

田中　そう受け止めていただけて嬉しいです。

中神　そのうえで、そういった**メッセージを発する際の「動機」もしっかり押さえておきたい**ですね。

田中　動機？

中神　**強烈な問題意識**のことです。

理想と現実にギャップがあるとして、そこに夜も眠れない悔しさを抱けるかどうか。

たとえば、丸井グループは大きく変わりました。

青井浩さん（現・代表取締役社長）だって、当初は悔しかったと思う。中期経営推進会議には、黒いスーツを着たオジサンばかり。みんな同じような発想で、コメントするわけです（詳細は本書２１９ページ）。夜も眠れないくらい嫌だったと思います。

とはいえ、組織はいっきには変わりません。

だから、岩盤に爪を立てるようにして、10年、20年、コツコツ変えてきた。そして、「理想が現実化したとしたらどうなるのか」を具体的にイメージして、「そのためにどんなＫＰＩが必要か」と必死に考えながらやってきたわけです。

そういった**「現状に対する強烈な問題意識」があるかどうかを、経営者は自らに問うてほしい**ですね。

それがない会社は、「とりあえず、みなと同じことを開示しよう」で人的資本開示も適当に終わらせると思います。

株主総会などに参加すると、私は「何なの、これでいいの」と感じることも多いです。**「日本企業の『予定調和で終わらせなきゃ』という文化が、人の能力を抑圧しているな」**って。

議案がいくつあったとしても、全部通ることはすでにわかっているわけです。何かの質疑があっても、会社側からの答え方は予め全部決まっている。

田中　形式美みたいなのがありますよね。

中神　それが「美」なのかどうかはわかりません。ただ、先の丸井グループのような組織の文化は違います。予定調和ではないし、みんな独自の観点から好きなことを言う。

私は、人的資本経営というのはそういう複眼的、多面的な企業文化を形づくっていくものだと思います。

田中　いまは、日本企業が変わるチャンスだと私は思っています。投資家目線から、そんな企業にエールをいただけますか。

中神　テレビ番組に「プロジェクトX」ってあるじゃないですか。ああいう人たちって、現場には山ほどいるんですよ。現場には。

それを**活かすも殺すも経営者次第**です。

だから、こう問いたい。

本当に人を活かしているんですか？

活かしていると自信を持って言えますか？

要するに、**日本はまだ「現場一流、経営三流」**なんです。そのせいで、現場は疲弊し切っている。であれば、経営も早く一流にならないといけない。

私は個人的に、相当な**〝乱暴者〟でなければ、日本企業、とくにＪＴＣ（Japanese Traditional Company：伝統的な日本企業）と揶揄《やゆ》される企業では変革を決断・実行できない**と思います。〝大胆〟では言葉が足りないくらい、行動にあらわれる〝乱暴者〟。それでなければ組織は変われません。

本書で示されているように事例はたくさんある。それを実践してほしいです。

「でも、実際はね……」と経営者は言いたくなるでしょうけれど、正しいことを遠慮なく言えるのが投資家です。

もちろん、会社のなかにはさまざまな感情があり、一筋縄ではいかないこともあります。

だからこそ、**利を得るために投資家を「使って」ください**。そして、大胆なことをやってほしい。決断してほしい。それが願いです。

人を活かす「対話」を軸にした経営の専門家が語る――

時代変化に対応した経営を実現する肝は「コミュニケーションを変える」こと

エール株式会社　取締役

篠田真貴子 × 田中弦

エール株式会社 取締役。社外人材によるオンライン1on1を通じて、組織改革を進める企業を支援している。2020年3月のエール参画以前は、日本長期信用銀行、マッキンゼー、ノバルティス、ネスレを経て、2008~2018年は、ほぼ日取締役CFOに。慶應義塾大学経済学部卒、米ペンシルバニア大ウォートン校MBA、ジョンズ・ホプキンス大国際関係論修士。株式会社メルカリ社外取締役、経済産業省 人的資本経営の実現に向けた検討会委員。

一様性の高い人材群を活かしてきた「ブロック塀」型の会社

田中　「失われた30年」を経て、企業の人に対する考え方が転換してきています。この変化について、篠田さんはどう感じられていますか。

篠田　「**人材獲得競争」が本格化**してきましたね。

わかりやすいところでは、情報通信業界。せっかく教授の紹介で入ってきた大学院卒の人材が、2年くらいでGoogleとかに行ってしまう。しかも、その人は給料が何倍にもなる。こういったことが、さまざまな業界で起きています。

KDDI株式会社が「ジョブ型人事制度」を始めたということが話題になりましたが、そのように大手通信会社が人事制度を変えたり、自動車関連産業が新しい分野に進出するために、社内にはいない専門性のある人材を中途で採用しはじめたりしています。

事業をアップデートするにあたり、いままでのやり方だと必要な人材が採用できず、採れてもすぐ辞めてしまう――ということに直面したのが転換点のひとつだったと思います。

田中　国際的な競争がさらに激しくなり、産業構造が変わり、技術的な進歩もあり、そうした変化に対応できる人材確保の課題が前面に押し出されてきた、ということですね。

篠田　会社などの組織の構成員は、ある面から見れば「一様」で、ある面から見れば「多様」です。個性がありつつ、社内人材としての共通性もある。

これまでは、企業をうまく成長させるために「一様性」を強調してきたと思います。人材もそう鍛えてきました。そういう人材が「ブロック塀」のように固まって堅牢な組織をつくっていたのです。

私が働いていた銀行業がそうでした。

当時は、文章の書き方からハンコの押し方まで決まっているといった状況で、どこの部署にもバインダーに収納された膨大なマニュアルがあり、そのマニュアルに則《のっと》ってみなが仕事をしていました。ブロック塀の完成度が高かったと思います。

その世界では、人数が10倍になればアウトプットも10倍になったかもしれません。

ところが、これまでと違う着眼点やアイデアが大事にされ、**「提供価値を新たにつくっていかなければいけない」という発想を旨とする「知的生産」の世界になると、過去の踏襲ではうまくいきません。**

ここに気づいた企業が、組織変革として戦略を実装しはじめたのが、2020年あたりからなのかなと感じています。

「転職が当たり前」の時代に噴出している問題とは?

田中　個人的には、**暗黙知が多い会社は変革を起こすのが難しい**と考えています。

篠田　たとえば、意思決定のプロセスは可視化されているけど、実質的に決定しているのは〝この人〟だよね、といった暗黙知ですよね。

田中　そう。「わかるよな?」「はい」というように、言語化はされない知恵がたくさん存在するような世界です。

篠田　それって、ある種、効率的ではあるんです。「あの人に言っておくから」で、実質話が通ってしまうコミュニケーションは、新卒一括採用で入ってきた社員がその会社にずっと勤めています、という会社ではとくに通用する。途中の人材の出入りもほぼなく、業務環境が変わらない職場です。

しかし、その「暗黙知」が置かれている状況も変わってきています。

いまの若者は、「人間は多様である」「自分の資質にフィットした仕事に出会えることがよいことだ」と学校で教わって社会に出てきています。ライフプランを自分で考える必要性も教わっており、職業が変わることも当然だと思っています。

そんな価値観を持つ人たちが、これからもっと職場に増えていく。

すると、**「20年かけて暗黙知で習熟していく」というスタイル自体が「合いません」という人が増加します**。これは、どの業界にも起きていることでしょう。

そういう市場環境の変化に影響されやすい業界は、経営をかなり変えています。

田中　一方で、あまり変わらず、のほほんとしている業界もあります。

篠田　一律に、それがダメとは思いません。

10年、20年と経験を積まなければ一人前になれない仕事ってありますから。だから、労働市場や雇用の流動化が進むたびに、すべての業界が合わせなければいけないということはありません。

ただ、明らかに外部的な視点を持つ人や多様な人材を雇用したほうがいい企業が増えていて、それなのに対応していないとなったら問題です。

田中　そういった変化は、いまどんな問題として表出していますか？

篠田　ひとつは世代の問題でしょう。現在の40代半ばくらいから上の世代でしょうか、彼らのなかには、終身雇用のつもりで会社に入った人も多いと思います。

ところが、急に「キャリア自律だ」と言われている。はしごを外された感じですよね。

また、そうして終身雇用を信じてやってきた人たちが、キャリア自律が当たり前の世代に対して「キャリア面談」をしないといけなかったりする。若い世代をサポートしろと言うんです。これは難しい。

もうひとつは、**離職に対する会社の認知の問題**です。

若手がどんどん離職していく。それは、「新しい機会を求めてほかの会社に移ることが当たり前」という「世代」的な変化の問題なのですが、その**離職を「個人」の問題だと誤認しているケースがあります**。つまり、**「構造的な課題である」という認識が持てないでいる**んですね。これもまずいです。

いまは健康寿命が延びて、人生100年時代と言われている。なのに、ひとつの会社にいつづけるのって、逆にそのほうが無理な気がしますよね。

そもそも、そんなに長く続く事業があまり存在しないし、同じ事業にコミットできるものでもないですから。

日本人のエンゲージメントが低い理由を検証する

田中　**日本人のエンゲージメントは低い**と言われます。でも、日本人ってそんなにやる気がないんですかね？

篠田　やる気の問題として語る人もいますけど、私は、それが**「別の真実」を表している**とも思っています。

これはパーソルが2024年に行った調査の話です[2]。

「自分の仕事は、人々の生活をよりよくすることにつながっていると思いますか？」という質問に対して、日本人は肯定的に答えており、調査を行った138カ国中33位という結果なのです。ところが、「あなたは、日々の仕事に、喜びや楽しみを感じていますか？」と、〝体験〟について聞かれると、138カ国中104位になってしまう。

田中　かなり低くなるんですね。

篠田　なぜそうなるのか。ひとつ仮説を申し上げます。

「転職しないから」なんです。

たとえば、ギャラップの調査を読んでいると、おもしろいことが見えてきます。

アメリカでは、じつは景気がよく転職が多い時期ほど、エンゲージメントスコアが上がっているんですね。

いわく、転職したいときに、人は転職の理由を考えるし、それが叶って転職が実現しているので、自分が新しい職場に移った理由やそこでのミッションをよく自覚している。また、まわりもそれをサポートしてくれる。だから、そういう人のエンゲージメントは高いと分析するんです。

転職するとき、人は「自分は何がしたいのか?」「なぜこの仕事をしたいのか?」と考える。しかも、それを言語化し、面接時には人にも伝えるわけです。

もちろん、新しい職場にも合う・合わないはありますが、何度か転職をしていくと、考えて言語化し伝えるスキルが習熟していく。成長も感じられるんですね。そういう体験をしている人の比率が、日本は低いんだと思います。

田中　だから、エンゲージメントも低いと。

篠田　転職って、**「自らその仕事を選び取った」という感覚**になるじゃないですか。そうやって主体性が高まった状態であれば、たとえ転職前後で職場環境がそこまで変わっていなくても、本人の実感としては転職後のほうが「楽しい」と感じる可能性がある。

田中　社内人事制度を「手挙げ制度」にしている企業が出てきていますが、それも自主性を引き出すことに主眼が置かれていたりしますね。

篠田　富士通株式会社がまさにそうです。ある職位以上の社員は**自分で手を挙げないと異動ができない**。

田中　そういう意味では、日本では社内の人材流動性を高めることが、手早く変わる方法として有効かもしれません。

ちなみに、ある経営者から企業を変えたいと言われたら、篠田さんは何から始めるのがいいと答えますか？

篠田　**「コミュニケーションを変えてみて」**と言いますね。

本当は、自分と相手は、意見も育ちも仕事への考え方も、全部違うわけです。それを踏まえて、**とくに「聴く」ということから始めてほしい**ですね。

まずは聴いてもらう、つまりフラットに話す時間をとる。それによって考えが整理され、自律的に動けるようになり、キャリアについて考える力もついていきます。

組織の間でも、聴く、聴いてもらうことで、部署間の前提のズレをお互いに埋め、フラットに相手のアイデアを受け取れるようになります。社内で半ば無意識に共有していた人間観、組織観が意識され、制度を入れても動かなかった組織変革が、きっと動き出すでしょう。これからはいよいよ「ブロック塀」型ではなく**「石垣」型**、つまり、**いろいろな形や色や大きさの石がかみ合うことを理想とする組織が強さを発揮していく**と思います。

もしも石垣的な人材群の構築を目指すなら、なおのこと、コミュニケーションを変えたほうがいいでしょう。

コミュニケーションのなかで、「聴き合い」を行い、お互いの形状の違いをしっかり理解することが、その肝だからです。

組織論などの観点から経営を探究してきた専門家が語る――

人的資本経営実現のスタートを切るうえでまず投資すべきポイントとは？

株式会社シナ・コーポレーション　代表取締役

遠藤功 × 田中弦

株式会社シナ・コーポレーション代表取締役。早稲田大学商学部卒業。米国ボストンカレッジ経営学修士（MBA）。三菱電機、複数の外資系戦略コンサルティング会社を経て、現職。2020年6月末にローランド・ベルガー会長を退任。同年7月より「無所属」の独立コンサルタントとして活動している。多くの企業で社外取締役、経営顧問を務め、次世代リーダー育成の企業研修にも携わっている。

多くの日本企業から「熱」がなくなり、「圧」だけが残った

田中　さまざまな企業で社外取締役や経営顧問を務められている遠藤さんは、日本企業の多くが**「不健全なカルチャー」**に至ってしまったと訴えられています。

遠藤　不健全なカルチャーが多いことは、いまに始まったことではありません。それは**「失われた30年」の負の遺産**であり、グローバルな競争力を日本が失っていっている症状のひとつだと考えています。

失われた30年というと、製造業を中心にモノを安くつくって伸びていくビジネスモデルがうまくいった時代を連想する人もいるかもしれません。根性論が中心で、みんなでがんばればなんとかなるという勢いもあった。

しかし、そういった〝昭和〟は通用しなくなりました。

それで、さまざまな企業がビジネスモデルや戦略を変えてきた。しかし、昭和の組織カルチャーはいまだ色濃く残り、時代と大きくズレています。ここ数年で、経営者がそれに気づきはじめました。

田中　バブル崩壊くらいまでは日本経済が順調で、そうしたカルチャーで通用した。ところが、経済がターニングポイントを迎え、ここ30年ほどで行き詰まってきたというイメージですね。

遠藤　**「成長はすべてを癒やす」**といいます。成長していると、不都合な要素が隠れてしまうんです。結果が出てリターンもあるから、多少の嫌なことは現場も目をつぶったりするでしょう。

しかし、失われた30年で結果が出なくなってくると、経営側は数字を出そうとして組織を締めつけますよね。

その「圧」と、成長できないがゆえの「圧」がかかり、組織のカルチャーが不健全なかたちでねじ曲がってしまったんです。

しかも、カルチャーの劣化はかなりの確率で「不正」というかたちであらわれます。不祥事が発生して、そのときにはじめて経営者が**「うちの組織はこんなに劣化していたのか」**と気づく、なんてことが結構ありますね。

田中　それは、「臭いものに蓋」をしているからでしょうか。

遠藤　というより、**経営者からは「見えない」**のだと思います。**経営者から見えるものは、ほぼ上澄み**です。

田中　カルチャーが劣化してしまう要因は、経営と現場の距離の遠さにあるのでしょうか。

遠藤　それもありますが、一番はやはり「圧」です。

当然ですが、ビジネスのうえで、圧が必要な場合もあります。

しかし、「過剰な圧」「不適切な圧」なら、話は違います。昭和の時代も、圧を糧にしてがんばってきた側面はありますが、現代の組織では耐えきれない部分が出てきています。

田中　企業が成長できていない中で、圧が強まっているのでしょうか。

遠藤　非常に強まっていますね。一方で、「熱」はすごく大事です。圧ではなく、熱です。経営者が熱くビジョンやつくりたい会社の未来を語り、熱を伝える。熱と圧が一体になっているうと、組織は傷まないんです。
ところが、ほとんどの企業は、熱が冷めて圧だけが残ってしまうのです。

カルチャーを健全にする鍵は、ミドルマネージャーたちが握っている!?

田中　熱を持った経営者が減っているのでしょうか。

遠藤　ビジョンは掲げるし、中期経営計画も出すけど、そこに**ウィル（＝意思）がともなっていない経営者**はいますね。とってつけたような中期経営計画や、自分の意思ではないビジョンを語ったところで、それは熱になって組織に伝わっていきません。

組織に熱をもたらすには、まず、上の人間が「火の玉」になることだと思います。自分自身が火だるまになる。そうすれば〝飛び火〟します。

ユニクロの柳井正さんを見てみると、事業や会社に対しても、組織の未来に対しても、彼自身が火だるまになってやっています。**圧も強いけど、熱もある**。

問題は、組織の階層構造的に、経営の「熱」は現場に行けば行くほど下がる傾向があるのに対し、「圧」は現場に行くほど強まる点です。

じつは、**現場ほど、「熱」を感じにくく、でも「圧」は感じやすい**んです。

だから、「数字が上がらなくてどうする！ なんとかしろ！」と経営が言って、それが現場に降りてくると、現場は「何とかしなきゃ。でも、こんなレポートは上にあげられない。なら、ごまかそう」ということになる。責任感が曲がったかたちで表出してしまうのです。

そういうときこそ、経営者は現場に行かないといけません。**「一緒に解決しよう」と声をかけ、熱を持って接することが大事**です。

田中 圧というと、株主からのプレッシャーもあります。四半期に1回、報告もしなければなりません。

遠藤 そうですね。だから、「管理のために経営をしている」ようになってしまうんです。成長のため、価値を生み出すための経営がしにくくなる。

マネジメントという観点では、管理職、とくに課長クラスに対する圧は相当強いです。

田中 たしかに多くの企業では、20代後半から30代前半、課長クラスまでのエンゲージメントスコアが「谷」みたいに落ちています（詳細は93ページ）。

遠藤 **課長クラスに過剰な圧がかかっている**からだと思います。

かつては課長にも比較的大きな権限があったし、社長と課長の距離が近かった企業も多かった。しかし、いまはまさに「管理のために課長をしている」状態です。

私は、ミドルマネージャーの強さが日本企業の強さだったと考えているのですが、現在は完全に消えてしまいました。

課長クラスに裁量や権限を与えて、たんなる管理の仕事は減らして、なるべく自由にさせる。そして、彼らが熱を持てるようにサポートしていくべきです。

たしかに、課長クラスは弱っています。でも、逆にいえば、**そこが変われば日本のカルチャーも変わる**と思います。

田中　私の知り合いの会社が「課長2人制」を実施している、という話をしていたのを思い出しました。

課長クラスには、管理が得意な人もいれば、部下に裁量を渡して活かすのが得意な人もいます。それぞれの凸凹を組み合わせるようにして、課長を「2人制」で担わせるのです。すると、彼らは楽しそうに仕事をするんですね。

遠藤　何によって自由になれるかは人それぞれですから、個性に合わせて自由な環境をつくってあげられたらいいですよね。

そうして、**課長が楽しそうにしていれば、若い人が課長職に夢を感じるかもしれない。身近な人をロールモデルとして見られるようになる**かもしれない。

この変化は、大きいと思います。

現場の「人」と「働く環境」への投資を始めるところから変革を

遠藤　経営者と接していると、社員が課長クラスになりたがらないのを「危機感の欠如」として語る人にしばしば出会います。「危機感が足りない！」と言うんですね。

でも、私に言わせれば、課長クラスが自由にできるカルチャーがないからそうなっているということになります。一人ひとりの気持ちの問題ではなく、カルチャーの問題なんです。

「危機感が足りない！」というのは、ある種の根性論でしょう。

田中　冒頭でおっしゃっていた「昭和の組織カルチャー」というのは、その部分ですね。

遠藤　そして、カルチャーとワンセットなのが人的資本です。

今日の議論に合わせていえば、**課長が自由に伸び伸びと動ける環境を調えることが人的資本経営で、それが経営者の仕事**でしょう。

そのために、**「人」と「働く環境」に投資する**。それは**「コスト」ではなく「投資」**なんだと。その発想を持ってほしい。

「社長のおごり自販機」ってあるじゃないですか。2人ペアで買うと、飲み物がタダになるっていう。

あれを工場に導入するかしないかという話でもめた企業があったんです。最初は「経費がかさむ」とか「悪くつるむやつが出てくる」とか言われて、ネガティブな反応ばかりがありました。しかし、「そんなことを気にしていたら何も変わらない。いいからやってみろ」と言って工場長が導入した。

すると、まあ社員同士の会話が増えました。工場の雰囲気も変わりました。

職場環境こそ、カルチャーの重要な要素です。そこにお金をかけるということが、これまでの日本ではなかなかできませんでした。

田中　そういうときこそ、**「コストではなく投資」**という視点が大事になりますね。

遠藤　私がいつも主張していることは、**「小さなロジックではなく大きなロジックで考えて動く」**ということです。

「カルチャーを変えて成長できる組織をつくる」という大きなロジックで考えれば、効果がないわけがないのです。それに対し、「短期的なコスト」ではなく「長期的な投資」であると考える機運を、もっと高めていかなければいけないと感じています。

おそらく、**みな、財務にばかり目がいっている**んだと思います。

でも、いま**大切なのは非財務**です。

いまの経営は、非財務、つまり**カルチャーや人的資本をよくするから財務もよくなるという筋を押さえないと、うまくいかない**のではないでしょうか。

田中　そのために、経営者はどう変わるべきだと考えられていますか。

遠藤　逆説的なことを言うようですが、経営者がカルチャーを変えることはできません。そう考えたほうがいいと思います。

もちろん、カルチャー変革の旗を振る役目は重要です。しかし、カルチャー変革は「現場から、現場が、変えていく」というムーブメントにしなければ、まず失敗します。

経営者はその観点を軸にして、他方で仕組みをつくり、しかけを講じていくことに専念する。そうあってほしいと考えています。

おわりに

本書をお読みいただき、ありがとうございました。

もともと、この本を書こうと思ったきっかけは、「世の中の転換点にいたい」という私の強い個人的な動機からでした。そして、人的資本経営という潮流がただならぬ変化を見せるなか、多くの企業が取り組みについて開示を始めています。

はじめは、軽い気持ちだったのです。何十社か統合報告書を見て軽くシェアしよう、と。ところがだんだんと、「これは社会へ共有しないともったいないぞ！」という気持ちが高まってきました。SNSでの発言、ウェビナーなどを通して、多くのみなさんが喜んでいただける情報なのだ、と気づいたのです。

まさか、大人の自由研究的に始めたものが、専門家となり、多くのお客さまにコンサルティングサービスを提供するようになり、そして本にまでなってしまうとは、当初はまったく考えていませんでした。

この本では、たんなる情報の羅列やいままで議論されてきたものを総まとめにしたものではなく、なるべく考察や議論を重ね、そして人的資本経営の実践の場で行って成果が出たものを書きました。

これが多くのみなさんのヒントになればと思っています。

この情報は、それぞれの企業において日々並々ならぬ努力とトライをしている人事担当者様や、IR担当者様の成果です。それを私は発見したにすぎません。みなさんの仕事の成果を、少しでもお伝えできたのなら嬉しく思います。

人的資本経営、この経営コンセプトが私は大好きです。

私が代表をつとめるUnipos社は、〝「最高の集団を自らつくる」時代をつくる〟という存在意義（パーパス）を掲げています。

個人がその組織に所属する意義は、企業の存在意義（パーパス）の実現にほかなりません。個人の可能性を発見し、自ら変化を起こすことで、最高の集団が存在意義（パーパス）を一丸となって実現する組織集団を次々と生み出すこと。

これがあってこそ、次の素晴らしい時代をつくることにつながると信じています。このパーパスと人的資本経営は、とても近しい概念であると思っています。

最後に、お礼を申し上げたいと思います。

まずはUnipos社社員のみなさん。突然社長が「人的資本経営だ!」と叫び出し、会社のチャットツールで土日もひたすら調査結果を共有しだしたとき、「大丈夫だろうか」

と思ったことでしょう。あのときは自分でも、大丈夫かどうかもわからず、夢中になっていたのです。

結果的には新しいチャンスや事業、そして収益に結びついたので「大丈夫」でしたが、ずいぶん不安に思ったかもしれません。それでも、ウェビナーの運営やイベントなど、みなさんがおもしろがってくれ、この活動を支えてくれたからこそ、この本や新しい会社の未来が切り拓かれました。ありがとう。

とくに当社マーケティング部の吉窪理々さん、服部有利子さんの二人の協力がなければ、この本は生まれませんでした。

ライターの正木伸城さんとは2冊目の本となりました。楽しかったです。今回はとくに新しいテーマの本で、かつ私のとっ散らかりやすい文章を修正していただきました。

人的資本開示調査ボランティアグループのみなさん。みなさんの協力がなければ、とても5000社を超えるリサーチはできませんでした。

ボランティアグループは、私がウェビナーを開催するたびに「このムーブメントに『おもしろい!』と思ってくださった方は、手伝ってください!」と募集を試みて結集しました。

そして、蓋を開けてみると、信じられないような豪華な方たちがボランティアを引き受けてくださっています。いまでは40名のボランティアグループの人がいらっしゃいます。

たとえば社労士のｉＵ組織研究機構の松井勇策さん、水谷美由起さん、リクルート就職みらい研究所の水野理哉さん、マーケットリバーの市川祐子さん、三陽商会社外取締役の村上佳代さん、商工組合中央金庫の相川延弘さん、明治大学特任講師の崎濱栄治さん、コテラスの山永航太さん、ＮＴＴデータの髙浪司さん、ＨＲ：ｉｉｎｇの田中翔太良さん、ほかにも、外資系金融機関のアナリスト、人材企業のビジネス開発担当、外資系コンサルティングファームのコンサルタント、上場準備中の財務担当者、ＨＲテックベンチャー企業経営者、慶應義塾大学ＳＦＣの保田隆明先生のゼミ生、などのボランティアメンバー……。

みなさんが日々、熱く、人的資本経営について語り合いながら調査し、多面的な見方や専門知識を活かした示唆を提供してくれています。

まさに「多様性」といったところですが、私はいつも、ボランティアメンバーのみなさんから、自分の見方や分析が甘かったことを教えていただいています。

そこで、最新の法令へのキャッチアップを果たしたり、現場の人が何に悩んでいるのか、金融のプロの目から見てこの件はどう見えるか、といったことを教えてもらったりしています。

岡島悦子さん、篠田真貴子さん、武田雅子さん、中竹竜二さん、中神康議さん、一木裕佳さん。皆様が最初に私の活動をおもしろがってくださったからこそ、この本ができ上がりました。後押し応援、本当にありがとうございました。

最後に、いつも悩んだときに最高のアドバイスをくれ、最高にゆるい時間を過ごしてもらえる友人の小川淳さんと、菅原敬さんにも感謝を申し上げます。そして、土日を多くこの活動に費やしてしまいましたが、それを理解し支えてくれている妻と、だんだん大きくなってきて元気いっぱいの小学1年生の娘に。みんなから元気をもらっています。ありがとう。

田中　弦

2025年1月

注記

第1章

（1）日本総合研究所「【人的資本経営】第1回人的資本経営概論」
https://www.jri.co.jp/page.jsp?id=102453

（2）日本の人事部「ＨＲカンファレンス２０２３―春―」開催レポート「『人的資本経営』とは何をすることなのか」
https://jinjibu.jp/hr-conference/report/r202305/report.php?sid=3169

第2章

（1）リクルートワークス研究所「未来予測２０４０　労働供給制約社会がやってくる」
https://www.works-i.com/research/report/item/forecast2040.pdf

（2）内閣府・厚生労働省「女性活躍推進法の施行状況について」
https://www.gender.go.jp/kaigi/honbu/gijisidai/pdf/24/2-1.pdf

（3）スピーダ「国内スタートアップの資金調達動向（２０２４年上半期）」
https://jp.ub-speeda.com/news/20240723/

（4）『男性中心企業の終焉』浜田敬子著、文藝春秋、２０２２年

第3章

（1）世界経済フォーラム「Global Gender Gap Report 2024」
https://www.weforum.org/publications/global-gender-gap-report-2024/

第4章

（1）内閣官房「人的資本可視化指針」
https://www.cas.go.jp/jp/houdou/pdf/20220830shiryou1.pdf

（2）金融庁「『企業内容等の開示に関する内閣府令』等の改正案の公表について」
https://www.fsa.go.jp/news/r4/sonota/20221107/20221107.html

（3）金融庁「『企業内容等の開示に関する内閣府令の一部を改正する内閣府令（案）』に対するパブリックコメントの概要及びコメントに対する金融庁の考え方」
https://www.fsa.go.jp/news/r4/sonota/20230131/01.pdf

第5章

（1）一橋大学イノベーション研究センター『一橋ビジネスレビュー：日本企業の人的資本経営』２０２３年SUM.71巻1号、東洋経済新報社、２０２３年

（2）『心理的安全性を高めるリーダーの声かけベスト１００』田中弦著、ダイヤモンド社、２０２２年

（3）日刊工業新聞 連載「ポスト平成の経営者」ダイキン会長インタビュー記事（２０１９年）
https://newswitch.jp/p/16754

第6章

（1）『企業変革のジレンマ』宇田川元一著、日経BP 日本経済新聞出版、２０２４年

第7章

（1）味の素株式会社「有価証券報告書」２０２４年３月期
https://data.swcms.net/file/ajinomoto-ir/dam/jcr:467c18d9-980d-4ff5-8425-50746000a813/S100TNWR.pdf

（2）ＭＩＸＩ株式会社「有価証券報告書（第25期）」
https://pdf.irpocket.com/C2121/d0Ia/v1Ti/H583.pdf

第8章

（1）経済産業省「持続的な企業価値の向上と人的資本に関する研究会報告書～人材版伊藤レポート～」
https://www.meti.go.jp/shingikai/economy/kigyo_kachi_kojo/pdf/20200930_1.pdf

（2）パーソルホールディングス株式会社「第3回『はたらいて、笑おう。』グローバル調査結果」
https://www.persol-group.co.jp/sustainability/well-being/worlddata/

【著者紹介】

田中　弦（たなか　ゆづる）

Unipos株式会社代表取締役。

1976年生まれ、北海道出身。1999年ソフトバンクのインターネット部門採用第1期生としてインターネット産業黎明期を経験。その後ネットイヤーグループ、コーポレイトディレクションを経て、2005年ネットエイジグループ（現ユナイテッド）執行役員。

現在は、国内外5000社以上の人的資本開示を読み込んだ「人的資本経営専門家」としても活動。

"究極のオタク気質"によって約2年で一躍、大手新聞・雑誌・テレビをはじめ経済産業省など公的機関でも、人的資本経営に関する講演や解説を行う。

プライム上場企業数10社をクライアントに持ち、特にグローバルメーカーや金融領域に強い、人的資本経営の実践をサポート。「従業員の本音データをもとにした、本質的な課題解決」を信念としている。

自身も、Unipos株式会社の前身であるFringe81株式会社（2017年東証マザーズ上場）の創業者であり、上場企業経営者として自社の人的資本経営に取り組んでいる。経営者としての実体験や、多数のクライアント事例、膨大な開示事例から導き出した、経営戦略と人事戦略を紐づけるための「人的資本経営フレームワーク（田中弦モデル）」を考案。

「10年後に日本は変わった、とみんなで乾杯しましょう」を合言葉に、精力的に日本企業の変革を推進する。

著書に『心理的安全性を高めるリーダーの声かけベスト100』（ダイヤモンド社）がある。

5000の事例から導き出した
日本企業 最後の伸びしろ
人的資本経営大全

2025年2月24日発行

著　者――田中　弦
発行者――山田徹也
発行所――東洋経済新報社
〒103-8345　東京都中央区日本橋本石町 1-2-1
電話＝東洋経済コールセンター　03(6386)1040
https://toyokeizai.net/

装　丁…………金井久幸（TwoThree）
ＤＴＰ…………アイランドコレクション
編集協力………正木伸城
編集アシスト……佐藤真由美
進行協力………吉窪理々／服部有利子
印　刷…………ベクトル印刷
製　本…………ナショナル製本
校　正…………加藤義廣
編集担当………中里有吾
　ISBN 978-4-492-53481-6